AF222378

Der Taiwan-Konflikt

Hintergründe und Entwicklungen

Martin Schneider

Der Taiwan-Konflikt

Hintergründe und Entwicklungen

Bibliografische Information der Deutschen Nationalbibliothek:
Die Deutsche Nationalbibliothek verzeichnet diese
Publikation in der Deutschen Nationalbibliografie; detaillierte
bibliografische Daten sind im Internet über dnb.dnb.de
abrufbar.

Verlag: BoD · Books on Demand GmbH, Überseering 33,
22297 Hamburg, bod@bod.de
Druck: Libri Plureos GmbH, Friedensallee 273,
22763 Hamburg

ISBN: 978-3-7693-2755-7

Inhaltsverzeichnis

1   Zur Einführung

Taiwan wird von der Volksrepublik China nicht als eigenständiger Staat anerkannt, sondern gilt der Regierung in Peking als „abtrünniger" Teil Chinas. Peking erhebt im Rahmen der sogenannten Ein-China-Politik Anspruch auf Taiwan, fordert die friedliche Wiedervereinigung, droht aber gleichzeitig auch mit dem Einsatz „nicht-friedlicher Mittel" (*„non-peaceful means"*).[1] Vor diesem Hintergrund bewegt sich die Stimmung in der taiwanesischen Bevölkerung und innerhalb der Parteienlandschaft zwischen den Polen einer chinafreundlichen Politik und nationaler Eigenständigkeit. Ebenso beeinflusst die Situation die Selbstwahrnehmung der taiwanesischen Einwohner. Taiwan besitzt seinerseits enge Verbindungen zu den USA, die seit Jahrzehnten die größte Schutzmacht des Landes sind.

Dieses Buch vermittelt grundlegende Informationen zum Verständnis dieses seit fast acht Jahrzehnten schwelenden Konfliktes. Er hat eine Vorgeschichte, die bis in das chinesische Kaiserreich des 19. Jahrhunderts und in die Zeit der chinesischen Republik des 20. Jahrhunderts zurückreicht. Der Konflikt erhielt seine strukturelle Ausprägung in der Zeit des Kalten Krieges. Er überdauerte auch die politischen Reformen, die seit den 1980er Jahren sowohl in der Volksrepublik China als auch in Taiwan für wesentliche Veränderungen gesorgt haben. Heute ist er in eine komplexe internationale Konkurrenzsituation verschiedener mächtiger Akteure eingebettet, weshalb neben den Interessen und Aktivitäten Taiwans, Chinas und der USA auch Russland und die Europäische Union betrachtet werden müssen.

Die Drohgebärden der Volksrepublik China in Form militärischer Manöver um Taiwan herum, haben in den letzten Jahren eine hohe Intensität angenommen, so dass die Gefahr einer Eskalation durchaus besteht. Zusätzlich hat der Taiwan-Konflikt durch den russischen Angriff auf die Ukraine im Februar 2022 sowie durch die am 20. Januar 2025 begonnene zweite Amtszeit von US-Präsident Donald Trump neue Dynamiken erhalten.

2 Versprechungen und Drohungen

2.1 „Ein Land, zwei Systeme"?

Die Aussage des chinesischen Staatschefs Xi Jinping war deutlich. In seiner Neujahrsansprache zum Jahreswechsel 2024/2025 sagte er:

> *„Die Landsleute auf beiden Seiten der Taiwan-Straße gehören zu einer Nation. Niemand kann unsere Blutsverwandtschaft verleugnen und niemand kann die historische Strömung der Wiedervereinigung des Mutterlandes aufhalten!"*[2]

Jenseits der Taiwanstraße, einer bis zu 180 km breiten Meerenge, liegt vom Festland aus gesehen die Insel Taiwan. Ihr internationaler Status ist umstritten. Die kommunistische Volksrepublik China sieht sie als abtrünniges Gebiet und weltweit unterhalten nur noch wenige Staaten diplomatische Beziehungen mit der Regierung in der Hauptstadt Taipeh.

Weiter erklärte Xi Jinping in der gleichen Ansprache:

„Wir werden unbeirrt die Richtlinie ‚Ein Land, zwei Systeme' umsetzen und eine langfristige Prosperität und Stabilität in Hongkong und Macau aufrechterhalten."[3]

Beide sind ehemalige Kolonien. Hongkong war 1997 von Großbritannien und Macau 1999 von Portugal an die Volksrepublik zurückgegeben worden. Sie sind Sonderverwaltungszonen auf Grundlage von Art. 31 der chinesischen Verfassung[4] und besitzen innenpolitisch autonome Rechte. Ihre Wirtschaft boomt und beide Zonen sind sogar Mitglieder der World Trade Organization (WTO).[5]

Doch in Hongkong gilt das ehemals liberale gesellschaftspolitische System sowie die Demokratiebewegung durch die chinesische Staatsmacht als zerschlagen. Prosperität und Stabilität in Pekings Sinne sind durchaus vorhanden. Aber Liberalismus und Demokratie scheinen nicht durch die Formel von zwei Systemen in einem Land abgedeckt zu sein.

In Macau verlief die gesellschaftspolitische Entwicklung nach der Rückgabe anders. Denn hier scheint man sich mit dem chinesischen politischen System relativ schnell arrangiert zu haben.[6]

Taiwan ist ebenfalls eine ehemalige Kolonie und wurde 1945 von Japan an China zurückgegeben – doch nicht an die Volksrepublik, sondern an die Republik China. Die Republik ging nur wenige Jahre später auf dem Festland in einem Bürgerkrieg zwischen kommunistischen Truppen und den sogenannten nationalchinesischen Truppen der Kuomintang unter Chiang Kai-shek (1887 – 1975) unter. Die Kommunisten siegten. Nachfolger der Republik wurde die von Mao Zedong (1893 – 1976) am 1. Oktober 1949 ausgerufene Volksrepublik China.

Hier beginnen die Schwierigkeiten, die die Taiwanfrage bis heute zu einem brisanten Konflikt machen. Denn Chiang Kai-shek floh mit seinen Truppen nach Taiwan, sah sich in der Kontinuität der Republik China und dementierte den Herrschaftsanspruch der Volksrepublik. Die Insel entwickelte sich unter ihm zunächst zu einer Militärdiktatur, ab den 1980er Jahren aber zu einer liberalen Demokratie.

Auch an die Regierung in der Hauptstadt Taipeh ist bereits das Angebot der Volksrepublik einer Wiedervereinigung unter der Richtlinie „Ein Land, zwei Systeme" ergangen. Doch das Beispiel Hongkongs vor Augen, ist sie für taiwanesische Politiker keine glaubwürdige Option. Die ehemalige taiwanesische Präsidentin Tsai Ing-wen (2016 – 2024) erklärte 2019, dass man „Ein Land, zwei Systeme" nicht akzeptieren werde.[7] Doch es ist gerade Taiwan, dass nach der Rückkehr Hongkongs und Macaus in der Propaganda der Regierung in Peking fehlt, um die seit dem 19. Jahrhundert eingebüßte Einheit der Nation wieder herzustellen.[8]

2.2   Souveränität vs. Ein-China-Politik

Die Volksrepublik China erkennt Taiwan nicht als souveränen Staat an, obwohl es alle Eigenschaften der klassischen Staatsdefinition – die Existenz eines

Staatsgebiets, eines Staatsvolks und einer Staatsgewalt –[9] besitzt. Das Gebiet ist 35.980 km² groß,
die Bevölkerung umfasst 23,6 Mio. Einwohner und
das politische System ist das einer semipräsidentiel-
len Republik mit fünfteiliger Gewaltenteilung. Doch
die Volksrepublik verfolgt – u. a. gestützt auf einen
UNO-Beschluss von 1971 – die Ein-China-Politik,
nach der es nur „ein einziges" China gibt, das sie mit
sich selbst identifiziert. Taiwan sei *„unveräußerlicher
Teil des chinesischen Territoriums"*.[10]

Selbst die USA unterhalten zur Inselrepublik keine
offiziellen diplomatischen Beziehungen mehr und
haben sich der Ein-China-Politik angeschlossen [→
Kap. 4.5][11] – obwohl sie nach wie vor die wichtigste
Schutzmacht Taiwans sind. Doch mit Blick auf das
wirtschaftlich nicht unbedeutende und strategisch
wichtige Taiwan ist die US-Politik bewusst ambivalent und unklar gehalten. Denn die USA und zahlreiche andere Länder haben die Ein-China-Politik zum
Missfallen Pekings variiert. Zwar unterhalten sie keine offiziellen, dafür aber zahlreiche informelle Kontakte mit Taipeh auf politischer, wirtschaftlicher, wissenschaftlicher, kultureller, touristischer und auch
auf militärischer Ebene.

Die Volksrepublik China ist ihrerseits an der Vergrö-
ßerung ihres eigenen Einflusses auf die Insel und an
der Isolation Taiwans interessiert. Die taiwanesische
Durchbrechung der Isolation durch informelle oder
halbdiplomatische Kontakte zu anderen Staaten er-
wecken ein ums andere mal empörte diplomatische
Proteste und militärische Drohungen auf Seiten der
Pekinger Führung.[12]

Das zeigt aber auch, dass Taiwan de facto nicht völlig isoliert ist. Ebenso ist es in wenigen internationalen Organisationen vertreten, allerdings nicht unter dem Namen Taiwan oder unter seiner offiziellen Selbstbezeichnung als „Republik China". Denn dies würde auf umgehenden Widerspruch der Volksrepublik stoßen, da die Namen als Eigenständigkeit und Abspaltung des Gebiets von „dem einen China" interpretiert werden können.

Beispielsweise ist Taiwan unter zusätzlicher Nennung der von ihm in der Taiwanstraße beanspruchten Inselgruppen am 1. Januar 2002 als „Separate Customs Territory of Taiwan, Penghu, Kinmen and Matsu (Chinese Taipei)" der World Trade Organization (WTO) beigetreten.[13] Die Volksrepublik China, deren Beitrittsgespräche parallel zu denen Taiwans liefen, hatte diesem Kompromiss zustimmen müssen. Sie war nur wenige Tage zuvor – am 11. Dezember 2001 – selber der WTO beigetreten. Unter dem Namen „Chinese Taipei" ist die Inselrepublik seit 1999 auch Mitglied der Asia-Pacific Economic Cooperation (APEC).[14]

Die Namensgebung „Chinese Taipei" ist ein Kompromiss, das auf dem Adjektiv „chinese" fokussiert. Denn „chinesisch" muss nicht unbedingt die Zugehörigkeit zu einem Staat ausdrücken, sondern kann auch kulturell interpretiert werden. Die Regelung wurde 1979 ursprünglich vom Internationalen Olympischen Komitee (IOC) für die Teilnahme taiwanesischer Sportlerinnen und Sportler an den Olympischen Spielen entwickelt. Seither wird sie aber auch für andere Zwecke übernommen.

Vor allem der Schutz der USA ist es gewesen, der es Taiwan bis heute ermöglicht hat, direkt vor der Küste der kommunistischen Volksrepublik China mit einem anderen politischen System als diese zu überleben: Zunächst als nicht-kommunistische (!) Militärdiktatur unter Chiang Kai-shek (1887 – 1975) und in Folge der demokratischen Reformen ab 1987 als stabile, liberale Demokratie. Wie sich die Beziehungen zwischen den USA und der Volksrepublik China, sowie zwischen den USA und Taiwan während der aktuellen zweiten Amtszeit von US-Präsident Donald Trump entwickeln werden, muss international aufmerksam beobachtet werden [→ Kap. 7.4].

2.3   Gefährliche Militärmanöver

Immer wieder ist es in den vergangenen Jahrzehnten zu militärischen Drohungen der Volksrepublik China gegenüber Taiwan gekommen. Noch in unguter Erinnerung ist das große chinesische Militärmanöver, das aus Protest gegen den im August 2022 erfolgten Taiwan-Besuch Nancy Pelosis durchgeführt wurde.[15] Sie war damals Vorsitzende des US-Repräsentantenhauses und damit eine offizielle Vertreterin der USA. Da die Taiwanstraße ein wichtiger Seeweg ist, hatten die Manöver auch Auswirkungen auf den Schiffsverkehr. Während pro Tag etwa 250 Schiffe die Meerenge durchqueren, sank die Zahl während der Manöver auf maximal 20 Schiffe. Das beeinträchtigte Handelsrouten und Lieferketten.[16]

Auch Cyberattacken müssen in diesem Zusammenhang erwähnt werden. Wie das Global Taiwan Institute im März 2024 berichtete, sind Cyberangriffe chinesischer Hacker in den letzten 20 Jahren angestiegen. Alleine zwischen dem 11. und 12. Januar 2024 seien über 4.300 Angriffe chinesischer Hacker auf taiwanesische Regierungsbehörden, Finanzinstitute und Justizbehörden registriert worden.[17] Nur einen Tag später, am 13. Januar, fanden die taiwanesischen Präsidentschafts- und Parlamentswahlen statt.

Im Dezember 2024 spitzte sich die militärische Situation in der Taiwanstraße und rund um die Insel erneut gefährlich zu: China setzte bei einem Manöver 90 Kriegsschiffe und 47 Flugzeuge als Drohkulisse ein.[18] Grund für diese Aktionen war vermutlich die diplomatische Reise des amtierenden taiwanesischen Präsidenten Lai Ching-te, vor dessen Amtsantritt am 20. Mai 2024 es ebenfalls zu chinesischen Manövern gekommen war.[19] Anfang Dezember hatte er offiziell die Marshall-Inseln, Tuvalu und Palau besucht. Sie alle sind nicht nur eigenständige Staaten, sondern haben Taiwan sogar anerkannt.

Lai Ching-te legte auf seiner Reise ebenfalls Stopps auf Hawaii und Guam ein. Hawaii ist US-Bundesstaat, Guam US-Außengebiet. Kurz darauf, am 9. Dezember, empfing der taiwanesische Präsident eine US-Delegation zu wirtschaftlichen und politischen Gesprächen, die von Oklahomas Gouverneur Kevin Stitt angeführt wurde.[20]

Und am 27. Februar 2025 meldete Taiwan erneut eine Zunahme militärischer Aktivitäten der Volksrepublik vor der Insel. Dabei seien 45 Militärflugzeuge und 14 Kriegsschiffe zum Einsatz gekommen.[21]

Im Kontext eines neuen Kalten Krieges im 21. Jahrhundert – an dem die USA, Russland, die Volksrepublik China aber auch die Europäische Union mit wirtschafts- und geopolitischen Ambitionen beteiligt sind – dem Ukrainekrieg sowie einem erneut eskalierten Nahostkonflikt, könnte Taiwan der nächste Schauplatz einer militärischen Eskalation werden.

3   Historische Wurzeln des Konflikts

3.1   Das Ende des Chinesischen Kaiserreiches

Das chinesische Kaiserreich war um die Wende vom 19. zum 20. Jahrhundert durch innen- und außenpolitische Krisen stark geschwächt. Im 19. Jahrhundert war es zunächst Opfer des europäischen und später des japanischen Imperialismus geworden. Es war die Zeit der sogenannten „Ungleichen Verträge", in der sich europäische Kolonialmächte, das zaristische Russland und die USA die wirtschaftliche Ausbeutung und ggf. Gebietsabtretungen von China sicherten. Gegen Großbritannien hatte man zwei schwere Kriege („Opiumkriege", 1839 – 1842 sowie 1856 – 1860) verloren. Hongkong musste man 1842 an Großbritannien und Macau 1887 an Portugal abtreten. Gegen das aufstrebende Japan unterlag man im Ersten Chinesisch-Japanischen Krieg (1894 – 1895).

Japan hatte erst seit Kaiser Mutsuhito (1852 – 1912), der 1868 den Thron bestiegen hatte, ein Modernisierungsprogramm (Meiji-Reformen) begonnen. Das Land öffnete sich außenpolitisch, das Shogunat wurde – gegen innere Widerstände – abgeschafft, die Verwaltung zentralisiert. Unter europäischem und amerikanischem Einfluss entwickelte es sich in nur wenigen Jahrzehnten zu einem aufstrebenden Industriestaat mit einem modernen Militär, der eigene koloniale Interessen verfolgte.

Der Friedensvertrag von Shimonoseki beendete 1895 den Krieg gegen Japan und schadete dem angeschlagenen chinesischen Kaiserreich enorm. Es wurde nicht nur zu hohen Reparationen (200 Mio. Tael) und wirtschaftlichen Zugeständnissen gegenüber Japan gezwungen, sondern auch zur Abtretung der Insel Taiwan (Formosa) sowie der Pescadores-Inselgruppe in der Taiwanstraße. Ebenso musste China die Unabhängigkeit Koreas anerkennen, das ihm seit dem 17. Jahrhundert als Vasallenstaat Tribute gezahlt hatte.[22]

Im Zuge seiner expansiven Politik errichtete Japan über die nächsten Jahrzehnte ein eigenes Kolonialreich, zu dem ab 1910 auch Korea gehörte. Genauso wie Russland war auch Japan an der Mandschurei interessiert. Neben Interessensgegensätzen in Korea trugen die Spannungen um die Mandschurei zum Ausbruch des Japanisch-Russischen Krieges (1904 – 1905) bei, den Japan für sich entschied.[23] Das japanische Kolonialreich wurde als „Großostasiatische Wohlstandssphäre" berüchtigt und zerbrach mit der japanischen Kapitulation am Ende des Zweiten Weltkriegs.

Parallel zur verheerenden außenpolitischen Situation geriet das reformbedürftige chinesische Kaiserreich im 19. und 20. Jahrhundert auch innenpolitisch unter massiven Druck. Es kam immer wieder zu Unruhen und Aufständen. Der Boxeraufstand (1899 – 1901) gegen westliche Einflussnahme und christliche Missionierung wurde durch eine internationale Allianz mit 16.000 Soldaten aus Deutschem Reich, Frankreich, Großbritannien, Italien, Japan, Österreich-Ungarn, Russland und den USA niedergeschlagen. Das Kaiserreich musste zur Entschädigung auf die nächsten 39 Jahre weitere 450 Mio. Tael zahlen.[24]

Der aus dem chinesischen Kanton stammende Sun Yat-sen (1866 – 1925) gründete 1905 im japanischen Tokio die revolutionäre Schwurbrüderschaft (Tongmenghui). Er war der Sohn eines Bauern und zunächst nach Honolulu ausgewandert, wo er eine Missionsschule besucht hatte und zum Christentum konvertiert war. Anschließend war er nach China zurückgekehrt und Arzt geworden. Nach einem fehlgeschlagenen Aufstandsversuch der von ihm gegründeten Xing-zhong („Vereinigung zur Wiederherstellung Chinas") war er 1895 zunächst nach Japan geflohen. Es folgten Reisen durch Asien, nach Europa und in die USA. Doch seine revolutionären Ziele verfolgte er weiterhin. Dazu gehörte der Sturz des kaiserlichen Systems und die Errichtung einer Volksherrschaft in China.

Ausgelöst durch einen Militärputsch in Wuhan, kam es im Oktober 1911 zur Xinhai-Revolution, an der neben anderen Gruppen die von ihm gegründeten Tongmenghui beteiligt waren. Die Revolution ist benannt nach dem Jahr Xinhai des chinesischen Kalenders (30. Januar 1911 – 17. Februar 1912). Während der Ereignisse erklärten sich viele chinesische Provinzen für unabhängig und am 12. Februar 1912 dankte der letzte Kaiser Pu Yi (1906 – 1967) ab.[25] Damit endete nicht nur die Qing-Dynastie, die China seit dem 17. Jahrhundert beherrscht hatte, sondern auch das Kaiserreich.

3.2 Die Bürgerkriege der Republik China

Schon am 1. Januar 1912 war von den Revolutionären die Republik China ausgerufen worden. Sun Yat-sen wurde zunächst selbst Präsident des neuen Staates. Doch auch nach Abdankung des Kaisers im Februar blieb die Situation angespannt und instabil. Es drohte ein Bürgerkrieg. Sun Yat-sen trat nach nur wenigen Wochen zurück.

Sein Nachfolger wurde im März 1912 der ehemalige kaiserliche General Yuan Shikai (1859 – 1916). Dieser errichtete eine Militärdiktatur und strebte die Wiedererrichtung der Monarchie an. Letztlich begründete er im Dezember 1915 die Hongxian-Dynastie und rief sich selber zum Kaiser aus. Doch der Widerstand gegen ihn kam sogar aus der eigenen Gefolgschaft und er musste am 22. März 1916 die Republik China wieder herstellen. Im Juni starb Yuan Shikai an Nierenversagen.[26]

Die politische Situation in China war weiterhin instabil und die Regierung bekam das Land innenpolitisch nicht unter Kontrolle.[27] Es litt unter mächtigen regionalen Militärführern (Warlords).

Durch Fusion mit anderen Gruppen waren aus den von Sun Yat-sen gegründete Tongmenghui schon im August 1912 die Kuomintang („Nationalchinesische Volkspartei") entstanden.[28] Sun Yat-sen selbst stand der Nationalregierung nochmals von 1921 bis zu seinem Tod 1925 vor. Er versuchte, seine Ideologie der „drei Volksprinzipien" in China zu verwirklichen:

➢ das Prinzip der Volksgemeinschaft,

➢ das Prinzip der Volksrechte und

➢ das Prinzip der Volkswohlfahrt.[29]

Das Prinzip der Volksgemeinschaft strebte nach einem unabhängigen chinesischen Nationalstaat, der gegenüber anderen Staaten gleichberechtigt sein sollte. Das Prinzip der Volksrechte sah eine Volksherrschaft („Demokratie") vor. Darin sollte das Volk die Rechte haben, die Beamten zu wählen, aber auch wieder abzuwählen, Gesetzesvorschläge zu machen, sowie über Gesetze abzustimmen. Das Prinzip der Volkswohlfahrt strebte die Sicherung grundlegender Bedürfnisse wie Ernährung, Bekleidung, Wohnung und Infrastruktur durch den Staat an.

Eine eigenständige Kommunistische Partei Chinas wurde am 23. Juli 1921 in Shanghai gegründet. Die noch junge Sowjetunion – Ende Dezember 1922 aus der Oktoberrevolution 1917 und einem verheerenden russischen Bürgerkrieg hervorgegangen –

unterstützte zunächst sowohl die Kuomintang, als auch die Kommunistische Partei Chinas. Ebenso wirkte sie auf ein Bündnis beider Parteien hin, das zunächst sogar zustande kam. Denn in Moskau sah man in beiden Organisationen revolutionäre Kräfte, die den Imperialismus in China bekämpften. Und auch Sun Yat-sen war gegenüber einer sowjetischen Unterstützung offen.[30]

Im Juni 1924 gründeten die Kuomintang im südchinesischen Whampoa eine Militärakademie, deren Leiter Chiang Kai-shek (1887 – 1975) wurde. Er stammte aus der Provinz Zhejiang und hatte sich nach der Revolution Sun Yat-sen und den Kuomintang angeschlossen. Nach dem Tod Sun Yat-sens konnte er sich in den parteiinternen Nachfolgekämpfen der Kuomintang durchsetzen. Von 1928 bis 1931 war er Vorsitzender der Nationalregierung in Nanjing (Provinz Jiangsu).

Zunächst noch mit kommunistischer Hilfe, führte Chiang Kai-shek von Kanton aus einen zweijährigen Kriegszug gegen die Warlords im Norden Chinas (Nordfeldzug, 1926 – 1928). In diesem Bürgerkrieg kamen 300.000 Menschen um.[31] Allerdings richtete sich Chiang Kai-sheks Politik schnell auch gegen die Kommunisten (Massaker von Shanghai, 12. April 1927), weshalb es zum Bruch des Bündnisses zwischen Kuomintang und Kommunistischer Partei kam.[32]

Kommunistische Verbände wurden unter Zhu De (1885 – 1976) und Mao Zedong (1893 – 1976) gesammelt, um eine Rote Armee aufzubauen. Nach sowjetischem Vorbild konnte man im November

1931 in der Provinz Jiangxi sogar eine Chinesische Sowjetrepublik errichten. Diese wurde jedoch 1934 von den Kuomintang zerschlagen. Da sie sich einer drohenden militärischen Umklammerung durch die nationalchinesischen Truppen ausgesetzt sah, war die chinesische Rote Armee zwischen Oktober 1934 bis Oktober 1935 zu einer entbehrungsreichen Ausweichbewegung gezwungen. Sie ging als „Langer Marsch" in die Geschichte ein: Dabei legte sie unter Zhu De, Mao und Zhou Enlai (1898 – 1976) in einen Bogen über 12.000 km Wegstrecke zwischen den Provinzen Jiangxi und Yanan zurück. Doch nur ein kleiner Teil der in Jiangxi aufgebrochenen kommunistischen Anhänger kam in Yanan an. Mao Zedong konnte sich während dieses Marsches als Führer der Kommunistischen Partei durchsetzen.[33]

3.3   Japan greift erneut nach China

Erneute japanische Kolonialbestrebungen in China führten 1932 in der Mandschurei zur Ausrufung des Staates Mandschukuo mit der Hauptstadt Xinjing (ehem. Changchun). Dieser war von Japan abhängig. Staatsoberhaupt und ab 1934 Kaiser war Pu Yi.[34]

Der nur wenige Jahre später ausbrechende Zweite Chinesisch-Japanische Krieg (1937 – 1945) brachte nochmals eine Wende in die verfeindeten Beziehungen zwischen den Kommunisten und den Kuomintang. Denn da beide das imperialistische Japan als gemeinsamen Feind sahen, kam es erneut zur Bildung einer Einheitsfront als Zweckbündnis. Doch gab es ab 1939 auch mehrfach Zusammenstöße zwischen beiden Bündnispartnern. Während des Wannan-Zwischenfalls im Januar 1941 starben bei einem Angriff durch nationalchinesische Kuomintang-Truppen 4.000 kommunistische Soldaten, weitere 5.000 wurden gefangen genommen.

Seit diesem Ereignis bereitete sich die Kommunistische Partei noch während des Krieges auf eine spätere Fortführung des Bürgerkriegs gegen die Kuomintang vor. Nach der japanischen Niederlage konnte keine Einheitsregierung zwischen Kommunisten und Kuomintang mehr gebildet werden.[35]

Auch Mandschukuo löste sich am Ende des Krieges auf. Am 8. August 1945 marschierten sowjetische Soldaten ein, am 19. August nahmen sie Pu Yi gefangen. Im nun erneut ausbrechenden chinesischen Bürgerkrieg bildete die Mandschurei eine wichtige Basis für die Kommunistische Partei, die sich bis 1949 gegen die Kuomintang unter Chiang Kai-shek durchzusetzen konnte.[36]

3.4 Taiwan fällt wieder an China

Zwar hatte das geschwächte chinesische Kaiserreich die Insel Taiwan nach dem Ersten Chinesisch-Japanischen Krieg 1895 an Japan abtreten müssen. Doch nach der japanischen Niederlage im Zweiten Weltkrieg musste Japan sie 1945 an die Republik China zurückgeben. Grundlage für die Rückgabe waren neben der japanischen Kapitulation:

➢ die Kairoer Erklärung (27. November 1943) und

➢ die Potsdamer Erklärung (26. Juli 1945).[37]

Der Kairoer Erklärung war vom 22. bis 26. November 1943 die Konferenz von Kairo zwischen US-Präsident Franklin D. Roosevelt (1882 – 1945, USA), Winston Churchill (1874 – 1965, Großbritannien) und Chiang Kai-shek als Vorsitzendem der chinesischen Nationalregierung vorausgegangen. Dort hatte man Kriegsziele für den Pazifikraum festgelegt. Dazu gehörte die Bestimmung, dass das japanische Kolonialreich zerschlagen und speziell Taiwan, die Pescadores sowie die Mandschurei an die Republik China zurückgegeben werden müssen.[38]

Die Potsdamer Erklärung wurde im Rahmen der Konferenz von Potsdam (17. Juli bis 2. August 1945) abgegeben und geht auf Churchill sowie den neuen US-Präsidenten Harry S. Truman (1884 – 1972) zurück. Sie bekräftigte u. a. die Gültigkeit der Kairoer Erklärung. Zudem sollte die Souveränität Japans künftig wieder auf die vier japanischen Hauptinseln Honshu, Hokkaido, Kyushu und Shikoku sowie einige kleinere Inseln beschränkt werden (Art. 8).[39]

Während der Zweite Weltkrieg in Europa durch die Kapitulation des nationalsozialistischen Deutschland bereits seit dem 8. Mai 1945 beendet war, kämpfte Japan zu diesem Zeitpunkt noch weiter. Erst nach zwei verheerenden US-amerikanischen Atombombenabwürfen auf Hieroshima (6. August) und Nagasaki (9. August) sowie einem weiteren Angriff von 800 amerikanischen Bombern (14. August) kapitulierte Japan am 2. September 1945 auf der USS Missouri in der Bucht von Tokio. Gegenüber US-General Douglas MacArthur (1880 – 1964) und weiteren Vertretern der Alliierten unterzeichnete die japanische Delegation unter Führung von Außenminister Shigemitsu Mamoru (1887 – 1957) die Kapitulationsurkunde. Die Kapitulation der japanischen China-Armee erfolgte am 9. September in Nanjing gegenüber Chiang Kai-shek, die der japanischen Südostasien-Armee am 12. September in Singapur gegenüber Lord Louis Mountbatten (1900 – 1979, Großbritannien). Damit war der Zweite Weltkrieg auch in Asien beendet.

Das japanische Kolonialreich wurde zerschlagen und Taiwan fiel an die Republik China zurück. Vorsitzender der Nationalregierung war noch immer Chiang Kai-shek. Doch die chinesischen Vertreter wurden auf der Insel keineswegs mit offenen Armen empfangen. Denn unter japanischer Herrschaft war es durchaus zu einem wirtschaftlichen Aufschwung gekommen, von dem bislang freilich vor allem Japan profitiert hatte.[40] Nun jedoch, nach Rückgabe an China, profitierten die Kuomintang. Denn sie nutzten die taiwanesische Wirtschaft zur Finanzierung ihrer Truppen im erneut entbrannten Bürgerkrieg gegen die Kommunisten. Reis und Textilien wurden für die eigenen Kräfte auf das Festland geschickt.[41] Zum anderen misstrauten die Kuomintang der taiwanesischen Bevölkerung und vermuteten Kollaboration mit Japan.[42] Als 1947 die Kritik an der Wirtschaftsführung des Gouverneurs Chen Yi (1901 – 1972) zu Aufständen auf Taiwan führte, wurden diese von den Kuomintang blutig niedergeschlagen.[43] Die Opferzahlen werden zwischen 10.000 und 30.000 Toten vermutet.

3.5   Zwei chinesische Staaten?

Nachdem die kommunistischen Truppen im Bürgerkrieg das chinesische Festland erobert hatten, rief
Mao Zedong am 1. Oktober 1949 in Peking die
Volksrepublik China aus. Nachdem Peking bereits in
der Kaiserzeit während der Qing-Dynastie, sowie
während der Republik China von 1912 bis 1928
Hauptstadt gewesen war, machten es die kommunistischen Herrscher nun zum Zentrum der Volksrepublik China. Maos Rivale, der von den USA unterstützte Chiang Kai-shek, hatte im Januar 1949 das
Amt als Präsident der Nationalversammlung nieder-
gelegt. Seine Nachfolger wurden Li Zongren (1890 –
1969) und Yan Xishan (1883 – 1960). Er selbst floh
im Dezember 1949 mit ca. 2 Mio. Anhängern der
Kuomintang auf die Insel Taiwan, die nur durch die
Taiwanstraße vom chinesischen Festland getrennt
ist. Dorthin hatte er auch den Goldvorrat der chinesischen Regierung sowie Kunstgegenstände bringen
lassen.[44]

Doch der territoriale Machtanspruch der neuen,
kommunistischen Volksrepublik China umfasste von
Beginn an auch die Insel Taiwan. Denn sie war ja
1945 an die Republik China zurückgegeben worden,
die 1949 von der Volksrepublik mit ihrem kommunistischen politischen System abgelöst wurde. Dem wi-
dersetzten sich allerdings Chiang Kai-shek und seine Anhänger. Denn sie erkannten die Volksrepublik
nicht an. Vielmehr bestand für sie die 1912 gegründete Republik China weiter. Beide Seiten erhoben
von Beginn an den Alleinvertretungsanspruch für
ganz China. Während die Staaten der sozialisti-

schen Welt diplomatische Kontakte mit der Volksrepublik China suchten, nahmen westliche Staaten
Beziehungen zu Taiwan – der Republik China –
auf.[45]

Zwar hatten die Kommunisten nun die Macht auf
dem Festland übernommen, doch sie hatten keine
Kontrolle über Taiwan. Hier befanden sich die Kuomintang und stellten die Insel unter Kriegsrecht.
Hoffnungen der dortigen Bevölkerung, die noch die
japanische Kolonialzeit miterlebt hatte, auf Demokratisierung zerschlugen sich.

Während die kommunistische Regierung der Volksrepublik schon früh über Pläne zur militärischen Eroberung Taiwans nachdachte, glaubte man auch auf
Seiten der Kuomintang, dass ihrerseits eine Rücker-
oberung des Festlandes möglich wäre.[46] In der Planung Chiang Kai-sheks sollte die Insel eine Modell-
provinz für die unter seiner Führung angestrebte
Wiedervereinigung Chinas werden.[47]

Auf Taiwan wurde er am 1. März 1950 zum Staatschef der Republik China ernannt. Bis zu seinem Tod
1975 regierte er auf Basis des Kriegsrechts. Politische Opposition, die sich gegen die Herrschaft der
Kuomintang richtete, wurde verfolgt. Es begann die
Phase des sogenannten „Weißen Terrors". Ihr Ende
wird unterschiedlich angesetzt: entweder mit der
Aufhebung des Kriegsrechts 1987 oder erst zu Beginn der 1990er Jahre: Während 1991 die Not-
standsgesetze aufgehoben wurden, reformierte man
1992 Art. 100 des Strafgesetzbuches. Dieser behan-
delte Straftaten gegen die innere Sicherheit und war

eine wichtige Grundlage für das Vorgehen gegen Oppositionelle gewesen.[48]

3.6 Containment und Koreakrieg

Nach dem Zweiten Weltkrieg zerbrach die gegen das nationalsozialistische Deutsche Reich gebildete Kriegsallianz zwischen den Westmächten und der stalinistischen Sowjetunion an geopolitischen und ideologischen Differenzen. Beide Seiten beschuldigten sich nun gegenseitig aggressiver und expansionistischer Ziele. Die Weltordnung ging in die Phase des Kalten Krieges zwischen Ost und West über. Im Rahmen ihrer antikommunistischen Containment-Politik versuchten die USA, eine weitere Ausbreitung des Kommunismus zu verhindern.[49]

Das Konzept des Containment war während der US-Präsidentschaft Harry S. Trumans unter Außenminister George C. Marshall (1880 – 1959) und dem Diplomaten George F. Kennan (1904 – 2005) ursprünglich gegen den Sowjetsozialismus entwickelt worden.[50] Doch mit der gerade neu ausgerufenen Volksrepublik China war bereits ein weiterer großer Flächenstaat kommunistisch geworden.

Die kommunistische Führung in Peking sah sich ihrerseits im Kampf gegen Kapitalismus und Imperialismus, deren Führungsmacht sie in den USA erkannte. Nach dem Zweiten Weltkrieg waren amerikanische Truppen ohnehin in direkter Nachbarschaft stationiert: in Südkorea, auf Japan und auf den Philippinen.

Wie der Koreakrieg (1950 – 1953) zeigte, war Amerika bereit, das Containment auch militärisch durchzusetzen und den Angriff nordkoreanischer kommunistischer Truppen unter Kim Il-sung (1912 – 1994) auf das autoritär geführte, aber nicht-kommunistische (!) Südkorea unter Rhee Syng-man (1875 – 1965) gemeinsam mit Verbündeten unter UNO-Mandat zurückzuschlagen.[51] Die kommunistischen Truppen Nordkoreas hatten durch ihren Angriff vom 25. Juni 1950 auf Südkorea den 38. Breitengrad von Norden her überschritten, der nach Räumung der ehemaligen japanischen Kolonie Korea als Grenze zwischen der amerikanischen und der sowjetischen Einflusszone gezogen worden war. Zunächst standen die nordkoreanischen Truppen sogar tief im Süden, wurden dann aber von den südkoreanischen und den amerikanisch-geführten Truppen nach Norden zurückgedrängt.

In Peking hatte Mao Zedong allerdings kein Interesse daran, dass die US-geführten UNO-Truppen ihrerseits den 38. Breitengrad überschritten und sich damit der nordkoreanisch-chinesischen Grenze näherten. Doch genau das passierte und die Warnung, dass China in diesem Fall selber eingreifen würde, hatte man in den USA offenbar nicht ernst genommen.[52] Bereits im Oktober 1950 kämpfte die Volksrepublik China selber unter enormen eigenen Verlusten in diesem Krieg. Den Oberbefehl über die internationalen UNO-Truppen hatte US-General MacArthur. Er agierte allerdings sehr eigenmächtig und forderte eine Ausweitung des Krieges gegen China sowie den Einsatz von Atomwaffen. Am 11. April 1951 wurde er von Präsident Truman abgezogen.[53]

Dass China in den Koreakrieg eingriff hatte Auswirkungen auf die chinesische Politik gegenüber Taiwan unter Chiang Kai-shek. Denn die Volksrepublik musste sich nun auf den Koreakrieg konzentrieren, womit eine mögliche Eroberung Taiwans vorerst nicht durchführbar war. Ferner war auch die 7. US-Flotte in die Taiwanstraße entsandt worden.[54]

3.7 Handelsembargo und Wirtschaftshilfe

Das taiwanesische Regime unter Chiang Kai-shek war nicht-kommunistisch ausgerichtet und zudem Gegner der kommunistischen Volksrepublik China. Daher wurde es von den USA unterstützt. Zwischen 1951 und 1965 erhielt Taiwan etwa 1,5 Mrd. US-Dollar an Wirtschafts- und Militärhilfe. Die Wirtschaftshilfe endete 1965, als Taiwan eine landwirtschaftliche Selbstversorgung von 100% erreicht hatte.[55] Im Gegensatz dazu hatten die USA gegen die Volksrepublik China 1950 (dem Jahr ihres Eintritts in den Koreakrieg) ein umfassendes Handelsembargo verhängt. Es wurde erst ab 1972 im Zuge der Annäherung zwischen Peking und Washington aufgehoben [→ Kap. 4.5].[56]

Die Volksrepublik China verfolgte auch nach dem Koreakrieg das Ziel, Taiwan militärisch zu erobern, während sich Taiwan auf die Verteidigung und einen möglichen Gegenangriff vorbereitete. Es kam 1954 zu Kämpfen um die von Taiwan beanspruchten Küsteninseln Quemoy und Matsu (Erste Taiwanstraßenkrise, 1954 – 1955). Vor diesem Hintergrund schlossen die USA und Taiwan 1954 ein Verteidigungsabkommen. Dieser *Mutual Defense Treaty between the United States of America and the Republic of China* wurde 1955 um die in der Taiwanstraße gelegenen Inselgruppen Quemoy und Matsu erweitert.[57] Amerikanische Militärberater wurden auf der Insel stationiert. Ebenso führten US-Schiffe und -Flugzeuge Patrouillen und Übungen in der Taiwanstraße durch.

Die Situation eskalierte ein weiteres Mal nach dem im August und September 1958 erfolgten neuerlichen Beschuss der Quemoy-Inseln durch Militär der Volksrepublik (Zweite Taiwanstraßenkrise, 1958).[58] Zu Beschuss der Kinmen-Inseln kam es noch bis in die 1970er Jahre.

4   UNO-Resolution 2758

4.1   Isolation der Volksrepublik China

Sowohl die Volksrepublik als auch Taiwan reklamierten für sich den Alleinvertretungsanspruch für das gesamte China. Der taiwanesische Anspruch wurde lange von den USA unterstützt.

Noch vor Ausrufung der Volksrepublik im Jahr 1949 war China – und damit die Republik China (!), die sich sowohl über das Festland wie auch auf die Insel Taiwan erstreckte – am 24. Oktober 1945 gemeinsam mit weiteren 50 Staaten Gründungsmitglied der Vereinten Nationen.[59] Nach der Ausrufung der Volksrepublik China am 1. Oktober 1949 durch Mao Zedong und der Flucht der Kuomintang nach Taiwan blieb die Republik China UNO-Mitglied. De facto war sie aber nur noch auf die Insel Taiwan mit 7,6 Mio. Einwohnern beschränkt. Die Volksrepublik China, die de facto auf das Festland beschränkt blieb, hatte 551 Mio. Einwohner und war dagegen nicht in der

UNO vertreten. Ihre Aufnahmeversuche scheiterten daran, dass keine Mehrheiten dafür in der UNO-Vollversammlung zustande kamen. Die USA hatten Taiwan anerkannt, und hielten mit ihren Verbündeten an dieser Entscheidung fest.[60] Allerdings hatte UNO-Resolution 1668 am 15. Dezember 1961 die Repräsentation Chinas in der UNO als wichtige Frage festgestellt. Unter Bezugnahme auf Resolution 396 vom 14. Dezember 1950 erinnerte man daran,

> „[…] that, whenever more than one authority claims to be the government entitled to represent a Member State in the United Nations and this question becomes the subject of controversy in the United Nations, the question should be considered in the light of the purposes and principles of the Charter and the circumstances of each case"[61]

Doch für eine Klärung der Repräsentationsfrage und eine Aufnahme der Volksrepublik in die UNO reichte es lange Zeit nicht.

Erschwerend kam für die Volksrepublik hinzu, dass sich ihre Beziehungen zur Sowjetunion nach dem 1953 erfolgten Tod Josef Stalins (1878 – 1953) massiv verschlechterten. Denn die sogenannte „Tauwetterperiode" unter Nikita Chruschtschow (1894 – 1971) hatte ab 1956 nicht nur zu einer Lockerung des Stalinismus innerhalb des Ostblocks, sondern auch zu einer zeitweiligen Entspannung und „friedlichen Koexistenz" zwischen der Sowjetunion und den USA geführt. Zwar zeigten der Bau der Berliner Mauer 1961 in Ostberlin, die Stationierung nuklear bestückbarer und gegen die Sowjetunion gerichteter

US-Mittelstreckenraketen auf dem Gebiet des NATO-Mitglieds Türkei sowie die Kubakrise 1962 wahrer Entspannungspolitik schnell die Grenzen auf. Doch es war zeitweise eine neue Dynamik in das Ost-West-Verhältnis gekommen.

Das wurde auch in der Volksrepublik China aufmerksam registriert. Und obwohl man nach wie vor diplomatische Beziehungen zur Sowjetunion unterhielt, nahm man ihrer Regierung die neue politische Ausrichtung übel. Es waren immerhin die USA, denen sich Chruschtschow angenähert hatte, die nach wie vor an ihrer Unterstützung Taiwans sowie an dem verhängten Handelsembargo gegenüber der kommunistischen Volksrepublik festhielten. Im Koreakrieg hatte man gegen US-Truppen gekämpft.

Hinzu kamen Differenzen zwischen Moskau und Peking in der Ausrichtung der kommunistischen Ideologie. Was hatte Vorrang: eine von Mao angestrebte Weltrevolution oder der von Chruschtschow betriebene Aufbau des Sozialismus in einem Land?[62]

Von Chruschtschow war anscheinend auch keine Unterstützung bei den anhaltenden Grenzstreitigkeiten zwischen der Volksrepublik und Indien zu erwarten. Diese führten im Oktober und November 1962 sogar zu einem Indisch-Chinesischen Krieg. In der Taiwanfrage gab es für Peking ebenfalls keine Unterstützung aus Moskau.

Dass die Sowjetunion 1968 unter Chruschtschows Nachfolger Leonid Breschnew (1906 – 1982) den Prager Frühling in der Tschechoslowakei mit Truppen des Warschauer Paktes niedergeschlagen und sich das Recht vorbehalten hatte, Opposition in sozialistischen Bruderländern zu bekämpfen, um ein Abweichen von den (Moskauer) Richtlinien zum Sozialismus zu verhindern (Breschnew-Doktrin), war für Mao Zedong ein Zeichen dafür, dass nicht nur von den USA, sondern auch von der Sowjetunion Gefahr ausging. Dies wurde auf dem 9. Parteitag der Kommunistischen Partei Chinas verkündet, der zwischen dem 14. und 24. April 1969 stattfand. Mao nutzte die Niederschlagung des Prager Frühlings auch, um in Südosteuropa Albanien aus der Einflusssphäre der Sowjetunion herauszuziehen.[63]

Letztlich eskalierten nur wenige Monate später zwischen März und September 1969 auch noch Grenzstreitigkeiten, die die Volksrepublik mit der Sowjetunion selber am Grenzfluss Ussuri hatte. Von beiden Seiten gab es Beschuss mit Toten und Verwundeten. Hier bahnte sich nun sogar ein größerer Krieg unter sozialistischen Ländern an, die inzwischen beide Atomwaffen besaßen. Auch die Volksrepublik hatte 1964 erstmals erfolgreich einen Atomtest durchgeführt. Nach dem Koreakrieg, in dem General MacArthur den Einsatz von US-Atomwaffen gefordert hatte und nach dem Krieg mit Indien, das ein eigenes Nuklearwaffenprogramm verfolgte, dienten eigene Atomwaffen der militärischen Abschreckung. Auch angesichts der massiven Differenzen mit der Sowjetunion wurden sie nun in Moskau als Bedrohung wahrgenommen. Angesichts des Grenzkrieges von 1969 dachte man dort bereits an einen Präventivschlag gegen chinesische Nuklearanlagen. Doch man konnte den Konflikt noch rechtzeitig am Verhandlungstisch deeskalieren.[64]

Die Volksrepublik China hatte somit konfliktreiche Beziehungen sowohl zum Westen als auch zum Ostblock und wurde von beiden eher gemieden. Dagegen versuchte sie ihrerseits, sich eine eigene Einflusssphäre im asiatischen Raum zu errichten.

Doch genau hier gab es den nächsten Konflikt mit den USA, die an der Seite Südvietnams inzwischen in den Vietnamkrieg verwickelt waren. Ihre Kriegsgegner – der Vietcong und die Truppen Nordvietnams – wurden nicht nur von der Sowjetunion, sondern auch von der Volksrepublik China unterstützt. Allerdings musste die Volksrepublik Ende der 1960er Jahre feststellen, dass sich das sozialistische Nordvietnam immer stärker an der Sowjetunion orientierte.[65]

4.2 Albanien an der Seite der Volksrepublik

Doch die Situation änderte sich 1971 drastisch, denn die Volksrepublik China erhielt Hilfe aus Albanien. Seit 1944 war das kleine südosteuropäische Land als Sozialistische Volksrepublik eine kommunistische Diktatur unter Enver Hoxha (1908 – 1995), dem Chef der Partei der Arbeit Albaniens. Unter ihm betrieb das Land eine erstaunlich eigenständige Politik. Denn Hoxha nutzte die Spannungen zwischen Moskau und Peking 1961 geschickt, um diplomatisch mit der Sowjetunion zu brechen, seine Mitgliedschaft im Rat für Gegenseitige Wirtschaftshilfe (RGW) ruhen zu lassen und enge Kontakte zur Volksrepublik China zu knüpfen. Zwischen 1960 und

1969 erhielt das Land aus China Kredite als Finanzhilfe in Höhe von 316 Mio. Dollar.[66]

Aus Protest gegen die Niederschlagung des „Prager Frühlings" in der Tschechoslowakei, trat Albanien 1968 – an der Seite der Volksrepublik Chinas stehend – sogar ohne Strafaktionen zu befürchten aus dem Warschauer Pakt aus. Mao Zedong hatte Hoxha per Telegram ausdrücklich zum Kampf gegen Warschauer Pakt und RGW aufgerufen und selber eine neue Kampfphase gegen die Sowjetunion angekündigt.[67] Das Verhältnis zwischen der Volksrepublik China und der Sowjetunion war zerrüttet.

4.3 Weitere Unterstützer der Volksrepublik

Albanien besaß seit dem 14. Dezember 1955 etwas, das die Volksrepublik China nicht besaß: die Mitgliedschaft in der UNO. Am 15. Juli 1971 brachte es gemeinsam mit 16 weiteren Staaten einen Antrag zur *Wiederherstellung der Rechte der Volksrepublik China in den Vereinten Nationen* auf die Agenda der UNO-Generalversammlung, der die internationale Situation der Volksrepublik China und Taiwans fundamental veränderte. Zu den Antragstellern gehörten:[68]

Antragsteller	
Albanien	Kuba
Algerien	Guinea
Kongo	Irak

Antragsteller	
Jemen	Somalia
Jugoslawien	Sudan
Mali	Südjemen
Mauretanien	Syrien
Rumänien	Tansania
Sambia	

Diese Staaten besaßen eine Reihe von Gemein-
samkeiten. So gehörten sie entweder zum sozialistischen Lager oder zu den blockfreien Staaten. Viele
hatten eine Vergangenheit als Kolonie und waren
erst im Zuge der Entkolonialisierung in den 1950er
oder 1960er Jahren unabhängig geworden. Vor diesem Hintergrund hegten sie Skepsis gegenüber der
westlichen Welt und den USA.

Wenn es gelingen sollte, die Volksrepublik China an-
stelle der Republik China in die UNO aufzunehmen,
hatte das für die Antragsteller mehrere Vorteile. Zum
einen würde das Lager der sozialistischen und
blockfreien Staaten durch ein großes sozialistisches
Land gegenüber dem Westen gestärkt, das zugleich
seit 1964 Atommacht war. Wenn man zudem die
Spaltung Chinas als Folge imperialistischer Politik
interpretierte, bestand die Möglichkeit, ihre Auswirkungen nun ein Stück weit zu reduzieren.

Ferner fällt auf, dass neben Albanien mit Rumänien
und Jugoslawien zwei weitere europäische Staaten
des sozialistischen Lagers zu den Antragstellern gehörten. Rumänien gehörte unter Nicolae Ceausescu

(1918 – 1989) zwar zum Warschauer Pakt. Doch war Ceausescu um mehr Eigenständigkeit gegenüber Moskau in seiner Außenpolitik bemüht.[69] Berücksichtigt man das inzwischen schlechte Verhältnis zwischen der Sowjetunion und der Volksrepublik China zu Beginn der 1970er Jahre, so kann die rumänische Unterstützung der Volksrepublik als Versuch verstanden werden, der Sowjetunion in der UNO einen unbequemen neuen Machtblock an die Seite zu setzen, um die sowjetische Macht zu reduzieren.

Zwar gehörte auch das Jugoslawien Josip Titos (1892 – 1980) zu den sozialistischen Staaten Europas, doch war es nicht Teil des Warschauer Paktes und hatte immer eine eigenständige Politik betrieben. 1961 wurde auf Titos Initiative hin in Belgrad die Bewegung der Blockfreien Staaten gegründet.[70]

Mit Stalin war es zum Bruch und zu harten politischen Auseinandersetzungen gekommen. Zwar hatte sich das Verhältnis zur Sowjetunion unter Chruschtschow wieder entspannt, doch die unter Leonid Breschnew erfolgte Niederschlagung des Prager Frühlings 1968 kritisierte Tito scharf.[71] Zwar hatten sich die Beziehungen zur Volksrepublik China während der maoistischen Kulturrevolution verschlechtert. Doch in der Politik Breschnews sahen sowohl Jugoslawien als auch die Volksrepublik China ihren Gegner.

4.4   Eine Resolution mit Folgen

Am 25. Oktober 1971 wurde über die Resolution 2758 zur *Wiederherstellung der Rechte der Volksrepublik China in den Vereinten Nationen* abgestimmt. Darin heißt es u. a.

> „[...] *Recognizing that the representatives of the Government of the People's Republic of China are the only lawful representatives of China to the United Nations and that the People's Republic of China is one of the five permanent members of the Security Council,*
>
> *Decides to restore all its rights to the People's Republic of China and to recognize the representatives of its Government as the only legitimate representatives of China to the United Nations, and to expel fortwith the representatives of Chiang Kai-shek from the place which they unlawfully occupy at the United Nations and in all the organizations related to it.*"[72]

Dem Resolutionstext zufolge seien also nur die Vertreter der Volksrepublik China die rechtmäßigen Vertreter Chinas gegenüber der UNO. Da die Vertreter Chiang Kai-sheks dem zur Abstimmung stehenden Text zufolge ihre Stellungen unrechtmäßig inne hätten, sollen sie durch Vertreter der Volksrepublik ersetzt werden.

Die Resolution wurde mit 76 Ja-Stimmen gegen 35 Nein-Stimmen und 17 Enthaltungen angenommen.[73] Auch westliche Staaten, wie Frankreich, Großbritannien oder Kanada stimmten dafür. Durch die Resolution verlor Taiwan nicht nur seine Mitgliedschaft in der UNO und somit wertvolle internationale diplomatische Kontakte. Auch die Zusammensetzung des UNO-Sicherheitsrats änderte sich. Denn dort war bislang „Nationalchina", also die Republik China, bzw. Taiwan ständiges Mitglied. Nun wurde es auch hier durch die Diplomaten Pekings ersetzt. Zudem wurden Patrouillenfahrten der 7. US-Flotte in der Taiwanstraße seitens der Amerikaner beendet.[74]

Welche Gründe gab es für das positive Abstimmungsverhalten? Auf die Interessenslagen mancher blockfreier und sozialistischer Staaten sowie ehemaliger Kolonialstaaten wurde oben bereits verwiesen [→ Kap. 4.2 und 4.3]. Nicht zu übersehen ist sicher der realpolitische Befund, dass die Volksrepublik China mit inzwischen über 800 Mio. Einwohnern, einer riesigen Staatsfläche und eigenen Atomwaffen noch nicht in der UNO vertreten war.

Sogar die Sowjetunion, deren Verhältnis sich zur Volksrepublik in den letzten zwei Jahrzehnten katastrophal verschlechtert hatte, stimmte ebenfalls für den Antrag. Für Moskau war es der Versuch, den Einfluss der USA in Asien zu schwächen, da diese Taiwan nach wie vor unterstützten. Nun konnte die Volksrepublik China ihren Einfluss auf die Taiwanfrage in der UNO geltend machen.

Auch in der westlichen Wahrnehmung der Situation um die Volksrepublik und die Republik China hatte sich etwas Entscheidendes verändert: Denn obwohl die USA gegen die Resolution gestimmt hatten, wurde die Volksrepublik China inzwischen auch aus Washington hofiert! Das Verhältnis zwischen der Sowjetunion und der Volksrepublik hatte spätestens mit dem Grenzkonflikt am Ussuri seinen Tiefpunkt erreicht. Die USA begannen Anfang der 1970er Jahre allerdings, ihr außenpolitisches Handlungsfeld zu erweitern und auch die Volksrepublik China in die klassische Ost-West-Konfrontation des Kalten Krieges einzubinden.

4.5 USA und Volksrepublik: Tauwetter

Um die Sowjetunion Breschnews unter diplomatischen Druck zu setzen, näherten sich die USA unter Richard Nixon (1993 – 1994) nun der Volksrepublik an. Trotz aller Gegnerschaft griff man diese Option in Peking gerne auf, da man nicht nur selber ein spannungsgeladenes Verhältnis zur Sowjetunion besaß, sondern auch Verbündete gut brauchen konnte. Als nationaler Sicherheitsberater der USA war Henry Kissinger (1923 – 2023) im Juli 1971 zu Geheimgesprächen nach Peking gereist. Doch mit Nixons Ankündigung vom 15. Juli 1971, demnächst selber nach Peking reisen zu wollen, erfuhr auch die Öffentlichkeit von der Annäherung.[75] Parallel dazu fanden in der UNO die Vorbereitungen zur Resolution 2758 statt.

Nixon und Kissinger waren sich bewusst, dass die amerikanische Militärpräsenz in Asien sowie die Taiwanfrage in den Gesprächen mit den chinesischen Politikern zwangsläufig thematisiert würden. Kissinger wurde instruiert, energisch aufzutreten und keine voreiligen Zugeständnisse zu signalisieren. Vielmehr sollte die sowjetische Bedrohung betont werden.

Und keinesfalls dürften diese Gespräche wie ein Ausverkauf („*sell out*") Taiwans aussehen.[76]

Nixon besuchte die Volksrepublik dann zwischen dem 21. und 28. Februar 1972. Dabei traf er mit Mao Zedong zusammen. Zu dieser Zeit war die Republik China in der UNO bereits durch die Vertreter der Volksrepublik ersetzt worden. Zu den Ergebnissen des Besuchs gehörte auch die Anerkennung der Ein-China-Politik durch Nixon:

> „*There is one China, and Taiwan is a part of China. There will be no more statements made – if I can control our bureaucracy – to the effect that the status of Taiwan is undetermined*"[77]

Der Besuch wurde trotz aller Gegensätze zur Grundlage weitergehender Annäherung.

Dass es trotzdem in der Taiwanfrage nicht einfach war, zeigt zum einen, dass die USA in der Abstimmung zur Resolution 2758 im Herbst 1971 eine empfindliche Niederlage erlitten. Sie waren auch nicht bereit, umgehend diplomatische Kontakte mit der Volksrepublik aufzunehmen und diese mit Taiwan zu beenden. Das geschah erst in der Amtszeit von US-Präsident Jimmy Carter (1924 – 2024). Offizielle diplomatische Beziehungen zur Volksrepublik China nahmen sie zum 1. Januar 1979 auf.[78]

Nach den Wirren der maoistischen Kulturrevolution begann China sich innenpolitisch zu stabilisieren. Diese Phase nach Mao Zedong wurde wesentlich von Deng Xiaoping (1904 – 1997) geleitet, der das Wirtschaftssystem sogar mit großem Erfolg für die

Marktwirtschaft öffnete [→ Kap. 5.3]. Trotz vieler Gegensätze und Konflikte entwickelten sich umfangreiche wirtschaftliche und politische Beziehungen. Bürgerlich-demokratische Reformen fanden dagegen nicht statt, die Demokratiebewegung wurde 1989 mit großer Härte in der Volksrepublik niedergeschlagen.

Mit Taiwan unterhalten die USA seit 1979 keine offiziellen diplomatischen Beziehungen mehr. Doch sie gaben die Insel auch nicht auf. Denn die Bestimmungen des *Taiwan-Relation-Act*, den der US-Kongress am 10. April 1979 rückwirkend zum 1. Januar des Jahres in der Regierungszeit Carters verabschiedct hatte, sind die Basis für weiterhin inoffizielle Kontakte und zur Unterstützung der taiwanesischen Sicherheit, etwa durch Waffenlieferungen.[79] Insofern wurde die amerikanische Ein-China-Politik um sehr weitreichende inoffizielle Kontakte ergänzt und die USA bleiben weiterhin Schutzmacht Taiwans.

4.6   Ausschluss aus der UNO?

Für Taiwan war der Verlust der UNO-Mitgliedschaft fatal. Bereits 6 Jahre später – 1977 – unterhielten nur noch 23 Staaten offizielle Beziehungen zu der Inselrepublik.[80] Durch die Umsetzung der Resolution 2758 wurde es aber nicht formell aus der UNO ausgeschlossen. Denn laut Art. 6 der UNO-Charta wäre diese Sanktionsmaßnahme nur möglich, wenn der betreffende Staat beständig gegen die Charta verstoßen würde.[81] Vielmehr fiel Taiwan durch Annahme der Resolution einfach aus der UNO heraus.

Die Resolution ist auch eine wichtige Grundlage für die Ein-China-Politik, die bis heute ein Grundpfeiler der Pekinger Außenpolitik ist [→ Kap. 8.1]. Bis heute ist Taiwan international isoliert. Doch die Isolation ist nicht umfassend. Zwar unterhalten nur wenige ausländische Staaten 2025 diplomatische Beziehungen zur Inselrepublik [→ Kap. 6.4]. Diese wurden seitens der Volksrepublik China sanktioniert. Doch viele andere Staaten – auch die Bundesrepublik Deutschland – versuchen einen ähnlichen Balanceakt wie die USA: diplomatische Beziehungen zu der politisch und wirtschaftlich mächtigen Volksrepublik China, nur inoffizielle wirtschaftliche und kulturelle Kontakte zu Taiwan. Dieses unterhält seinerseits in vielen Staaten Verbindungsbüros.[82] In Deutschland etwa gibt es taiwanesische Vertretungen in Berlin, Hamburg, Bonn, Frankfurt und München.[83]

5   Reformen seit den 1980er Jahren

5.1   Reformen auf Taiwan

Nach einer fast vier Jahrzehnte währenden diktatori-
schen Kuomintang-Regierung kam es in der zweiten
Hälfte der 1980er Jahre zu tiefgreifenden innenpoli-
tischen Reformen auf Taiwan. Forderungen nach
Demokratisierung entstanden bereits in den 1970er
Jahren. Eine aufgrund der guten wirtschaftlichen Situation wachsende Mittelschicht forderte inzwischen
auch politische Rechte ein. Wichtige staatliche
Funktionen waren bislang mit ursprünglich vom
Festland stammenden Chinesen besetzt worden.
Die auf Taiwan geborene Bevölkerung fühlte sich
benachteiligt. Hinzu kamen die Reaktionen auf die
Niederschlagung oppositioneller Demonstrationen
durch die Polizei: etwa am 10. Dezember 1979, dem
Internationalen Tag der Menschenrechte. Viele Oppositionelle wurden zu langen Haftstrafen verur-
teilt.[84]

In den 1980er Jahren öffnete sich die Führung der Kuomintang für Reformen. Zwar waren Oppositionsparteien bislang verboten. Doch mit der Demokratischen Fortschrittspartei (DFP) gründete sich 1986 erstmals eine Oppositionspartei, die die Kuomintang duldeten. Wie sehr sie von der Bevölkerung begrüßt wurde, zeigen gleich zu Beginn hohe Wahlergebnisse. Das Kriegsrecht, das seit 1949 in Kraft war, wurde 1987 aufgehoben.[85] Das Strafrecht wurde 1991 reformiert [→ Kap. 3.5].

Präsident Lee Teng-hui (1923 – 2020), der selber von den Kuomintang stammte, führte die Reformen in den 1990er Jahren fort. Das Land entwickelte sich bis heute zu einer modernen, liberalen Demokratie [→ Kap. 6.1].

5.2 Taiwan als „Tigerstaat"

Aufgrund der wirtschaftlichen Entwicklung Taiwans wurde das Land in den 1980er und 1990er Jahren gemeinsam mit Südkorea, Singapur, Hongkong sowie Thailand, Malaysia, Indonesien und den Philippinen zu den sogenannten „Tigerstaaten" gerechnet. Damit waren aufstrebende Entwicklungsländer gemeint, die auf dem Weg waren, zu Industriestaaten heranzuwachsen. Besonders die Entwicklung von Hightech-Produkten stand dabei im Fokus.[86]

Es mag verwundern, dass sich trotz der angespannten Sicherheitslage zwischen Taiwan und der Volksrepublik China erhebliche wirtschaftliche Beziehungen ausgebildet haben. Grundlagen dazu waren in

Taiwan die 1991 erfolgte Aufhebung des Handels- und Reiseverbots gegenüber der Volksrepublik. Diese selbst hob das Handelsverbot gegenüber Taiwan am 14. Dezember 1993 auf.[87] Angesichts der wirtschaftlich mächtigen, unmittelbar benachbarten Volksrepublik bleibt der taiwanesischen Wirtschaft in der täglichen Praxis gar nichts anderes übrig, als auch zum chinesischen Festland Handelskontakte zu knüpfen.

Aus Sicht der Pekinger Regierung bedeuten Wirtschaftsbeziehungen der Volksrepublik nach Taiwan auch ein gewisses Maß an wirtschaftlichem und politischem Einfluss auf die Insel. So war China 2023 mit 19,6% sowohl das größte Hauptlieferland für nach Taiwan importierte Waren, als auch mit 22,1% das größte Hauptabnehmerland für taiwanesische Exporte. Gute Wirtschaftskontakte gibt es seitens Taiwan aber auch in die USA, nach Japan, Hongkong und Südkorea.[88]

Als moderner Technologiestaat hat es Taiwan geschafft, sich v. a. bei der Herstellung von Computerchips zu einer wirtschaftlichen Macht zu entwickeln. Für 2021 nahmen taiwanesische Unternehmen in diesem wirtschaftlichen Schlüsselsektor insgesamt 65% des globalen Marktes ein. Chinesischen Unternehmen kam hier nur ein Anteil von 5% zu.[89] Auch die westlichen Länder sind in einem erheblichen Ausmaß von taiwanesischen Chips abhängig. Daher kann ihnen deren Produktionsstandort nicht egal sein, zumal wenn es künftig darum gehen sollte, entstandene Abhängigkeiten von der Volksrepublik China zu verringern.

5.3 Reformen in der Volksrepublik

Doch auch die Volksrepublik China veränderte sich. Außenpolitisch trug dazu seit 1971 wesentlich bei, dass man chinesische Interessen nun direkt auf UNO-Ebene einbringen konnte. Ebenso begann sich das Verhältnis der Volksrepublik zu den USA seit dem 1972 erfolgten Besuch Präsident Nixons in Peking spürbar zu entspannen [→ Kap. 4.5].

Innenpolitisch profitierte das Land vom Ende der maoistischen Kulturrevolution. Mao Zedong selbst starb am 9. September 1976. Unter Deng Xiaoping öffnete sich die Volksrepublik China sehr erfolgreich der Marktwirtschaft, die wesentlich durch Investitionen von im Ausland lebenden Chinesen, aber auch westlicher Staaten und Unternehmen bestärkt wurde. Die von Deng Xiaoping geprägte neue Devise *„Reich werden ist ruhmreich!"* wäre zu Zeiten Maos genauso undenkbar gewesen, wie der Slogan *„Lasst den Westwind hinein!",* sowie alle institutionellen Reformen zum Aufbau eines marktwirtschaftlichen Systems innerhalb eines kommunistischen Staates. Der Lebensstandard der Bevölkerung verbesserte sich deutlich, sie profitierte von wirtschaftlichen Freiheiten, musste aber auch eine viel größere Eigenverantwortung entwickeln. Kollektivistische Konzepte waren auf dem Rückzug.[90]

Die Politik unter Deng Xiaoping wurde im Westen sehr positiv wahrgenommen. Staaten und Unternehmen forcierten das Chinageschäft. Durch die wirtschaftlichen Veränderungen gelang es der chinesischen Führung nicht nur, die Wirren fehlgeschlagener Planwirtschaft und der maoistischen Kulturrevolution zu überwinden, sondern auch zu einer wirtschaftlichen, politischen und militärischen Weltmacht aufzusteigen. Mit einem Bruttoinlandsprodukt (BIP) von 17,7 Bio. US-Dollar (2023), liegt die Volksrepublik weltweit auf Platz 2 hinter den USA (27,7 Bio. Dollar).

Doch eine Demokratisierung setzte in der Volksrepublik nicht ein. Denn die Kommunistische Partei gab ihren Machtanspruch nicht ab. Dabei gab es in den 1980er Jahren weltweit viele Beispiele für Öffnungen, Demokratisierungen – aber auch Umstürze: Allen voran ist die Politik von Glasnost und Perestroika unter Michail Gorbatschow (1931 – 2022) in der Sowjetunion zu erwähnen, die auf die Ostblockstaaten in Europa abfärbte. Eigene Transformationsprozesse zur Demokratie gab es in Südkorea, auf den Philippinen und natürlich auf Taiwan. Doch gerade die Ereignisse in der Sowjetunion und Osteuropa zeigten aus Sicht der jeweiligen Machthaber auch die Gefahren dieser Entwicklung. Glasnost und Perestroika führten in den verbündeten Ostblockstaaten zum Sturz der kommunistischen Systeme, zur deutschen Wiedervereinigung 1990 (und damit dem Ende der DDR) sowie zur Implosion der Sowjetunion selbst Ende 1991.

In der Volksrepublik China wurde die Demokratiebewegung niedergeschlagen (Tian'anmen, 4. Juni 1989). Schon die Erinnerung daran wird bis heute strafrechtlich verfolgt.[91] Die Ereignisse geschahen nur wenige Wochen nach dem Besuch Michail Gorbatschows in der Volksrepublik, den sowohl die chinesische Regierung als auch die chinesische Opposition begrüßt hatten: Seitens der Regierung wurde er nach langen Jahren des Konflikts zwischen beiden Staaten als Beginn einer Normalisierung der Beziehungen gesehen. Für die Opposition stand Gorbatschow mit Glasnost und Perestroika für eine Politik der Reformen, die sie sich auch für die Volksrepublik China erhofften, aber nicht durchsetzen konnten.[92]

5.4 Konsens und erneute Krise

Die Pekinger Führung betrachtete (und betrachtet) alle Entwicklungen in Taiwan misstrauisch. Man reagierte auch in den 1990er Jahren schon sehr dünnhäutig, wenn man die strikte Auslegung der Ein-China-Politik in Gefahr glaubte.

Die Volksrepublik und Taiwan hatten sich 1992 auf einen scheinbaren Kompromiss verständigt. Beide stimmten darin überein, dass es nur „ein China" gibt. Während es die Vertreter der Volksrepublik mit ihrem eigenen Land definierten und Taiwan als Teil davon sahen, argumentierten die damaligen Politiker der Kuomintang-Regierung in Taipeh, dass es die „Republik China" sei, die sie selber vertreten würden. Auch das Festlandsterritorium sei demnach Teil der Republik China.[93] Einen wirklichen Kompromiss kann man es aber wohl nicht nennen. Vielmehr war es die Erklärung des Status Quo in der Taiwanfrage.

Die Jahre 1995 und 1996 brachten dann die nächste Krise in der Taiwanstraße. Denn Taiwans Präsident Lee Teng-hui besuchte im Juni 1995 die amerikanische Cornell-University (New York). Dort hatte er 1968 promoviert. Resultat waren chinesische Manöver im Juli und August des Jahres in der Meerenge. Im März 1996 folgte ein weiteres großes Manöver mit Raketentests, nur wenige Wochen vor den auf den 23. März angesetzten taiwanesischen Präsidentschaftswahlen. Die Eskalation ging als sogenannte Dritte Taiwanstraßenkrise in die Geschichte ein.[94]

Die USA reagierten im März 1996 mit der Entsendung des Flugzeugträgers *Independence* sowie einer Trägerkampfgruppe der 7. US-Flotte. Darauf weitete China sein Manöver aus und die USA entsandten mit der *Nimitz* schließlich einen zweiten Flugzeugträger in die Meerenge. Es drohte eine militärische Konfrontation, die erst in den folgenden Wochen deeskaliert werden konnte. Aber halbamtliche Gesprächskanäle zwischen der Volksrepublik und Taiwan wurden durch die Regierung in Peking abgebrochen und erst drei Jahre später – 1998 – wieder aufgenommen.[95]

Mit seinen militärischen Drohgebärden versuchte China nicht nur, die taiwanesische Bevölkerung einzuschüchtern, sondern auch Einfluss auf die Präsidentschaftswahlen im März 1996 zu nehmen. Denn Lee Teng-hui kandidierte erneut. Doch die Einschüchterung schlug fehl, denn er wurde wiedergewählt.

Im Juli 1999 bezeichnete er dann die Beziehungen zur Volksrepublik China in einem Interview mit der

Deutschen Welle als besondere zwischenstaatliche Beziehungen:

> „Seit der Verfassungsänderung von 1991 sind die Beziehungen über die Straße von Taiwan hinweg als Beziehung zwischen Staaten definiert, mindestens aber als Beziehung besonderer Art zwischen Staaten. Es gibt also nicht eine legale Regierung und eine Rebellenclique oder eine interne Beziehung zwischen einer Zentralregierung und einer Regionalregierung innerhalb des einen Chinas." [96]

Natürlich bezog er sich damit auf die de facto-Eigenständigkeit Taiwans. Seine Äußerungen waren ein riskanter Balanceakt zwischen der Ein-China-Politik und einer Unabhängigkeitserklärung. Ebenso wies er darauf hin,

> „dass die Volksrepublik China nach ihrer Gründung 1949 niemals die Herrschaft über Taiwan, die Pescadoren, Quemoy und Matsu ausgeübt hat" [97]

Die Volksrepublik war brüskiert und brach die erst 1998 wieder aufgenommenen halbamtlichen Kontakte zu Taiwan erneut ab. [98]

5.5 „Fünf Neins"

Shen Shui-bian, der 2000 als erster Politiker der Demokratischen Fortschrittspartei auf Lee Teng-hui im Präsidentenamt folgte, stammte aus einer Partei, die die Unabhängigkeit Taiwans befürwortet. Für die Wahlniederlage der Kuomintang bei den Präsidentschaftswahlen wurde Lee Teng-hui seitens seiner eigenen Partei verantwortlich gemacht. Zunächst trat er als Parteivorsitzender zurück. Da er anschließend Ideen äußerte, die mit der Parteilinie nicht übereinstimmten, wurde er später aus der Kuomintang-Partei ausgeschlossen.[99] Doch schon 2001 gründete er die Taiwanesische Solidaritätsunion (TSU), die sich stark für die Unabhängigkeit Taiwans einsetzt.

Sein Nachfolger im Präsidentenamt, Shen Shui-bian, musste die erneut zugespitzte Situation gegenüber der Volksrepublik zunächst deeskalieren und verkündete die Politik der „Fünf Neins":[100]

➢ Nein zu einer Unabhängigkeitserklärung Taiwans;

➢ Nein zu einer Aufnahme einer Verfassungsbestimmung, die die Beziehungen zwischen Taiwan und der Volksrepublik als „zwischenstaatlich" charakterisiert;

➢ Nein zu einer Änderung des Staatsnamens „Republik China";

➢ Nein zu einem Referendum über die Unabhängigkeit Taiwans;

➢ Nein zur Abschaffung der *Richtlinien für die nationale Wiedervereinigung*.

Die *Richtlinien für die nationale Wiedervereinigung* hatte der Nationale Wiedervereinigungsrat 1991 erarbeitet. Er war ein Jahr zuvor gegründet worden. Die *Richtlinien* enthalten u. a. die Feststellung, dass beide Seiten der Taiwanstraße chinesisches Gebiet sind.

Die geplante Durchführung einer taiwanesischen Volksabstimmung, die zeitgleich mit den am 20. März 2004 anstehenden Präsidentschaftswahlen angesetzt war, rief erneut Proteste aus China hervor. Man hatte geplant, der Bevölkerung zwei Fragen vorzulegen:[101]

➢ ob Taiwan moderne Raketenabwehrsysteme zur Selbstverteidigung erwerben solle, wenn China seine auf Taiwan zielenden Raketen abziehen und auf Gewalt verzichten würde;

➢ ob die taiwanesische Regierung Verhandlungen mit der Volksrepublik über ein Abkommen zu Frieden und Stabilität aufnehmen soll.

Vordergründig zielten diese Fragen nicht auf eine Unabhängigkeitserklärung ab, waren aber geeignet, das eigenständige Handeln gegenüber der Volksrepublik herauszustellen. Daher reagierte die Führung in Peking empört.

Doch auch die innenpolitische Stimmung in Taiwan selbst war vor den Wahlen aufgeheizt. Die Kuomintang und mit ihr verbündete Parteien hatten ihre Anhänger zum Boykott des Referendums aufgerufen. Zwar erhielten beide Fragen Zustimmungsquoten von über 90%, doch die Beteiligung lag unter 50%. Daher war die Abstimmung ungültig.

Der Präsidentschaftswahlkampf 2004 hatte sich zu einem Kopf-an-Kopf-Rennen zwischen Chen Shui-bian und seinem Herausforderer Lien Chan von den Kuomintang entwickelt. Kurz vor der Wahl wurde ein Attentat auf Chen Shui-bian verübt, das er verletzt überlebte. Er gewann die Wahl mit 50,11% der Stimmen. Lien Chan erhielt 49,89%. Seitens der Opposition wurde ihm anschließend sogar vorgeworfen, das Attentat selber inszeniert zu haben. Die Neuauszählung der Stimmen bestätigte letztlich das knappe Ergebnis und Chen Shui-bian wurde im Mai zu seiner zweiten Amtszeit vereidigt.[102]

5.6 Das *Antisezessionsgesetz* der Volksrepublik

Am 14. März 2005 erließ der Nationale Volkskongress der Volksrepublik China ein Gesetz, dass als *Antisezessionsgesetz* bekannt wurde. Es ist bis heute gültig und besteht aus 10 Artikeln. Art. 2 stellt zunächst die Ein-China-Politik heraus und richtet sich gegen Kräfte, die für die Unabhängigkeit der Insel eintreten:

> „*There is only one China in the world. Both the mainland and Taiwan belong to one China. China's sovereignty and territorial integrity brook no division. Safeguarding China's sovereignty and territorial integrity is the common obligation of all Chinese people, the Taiwan compatriots included.*
>
> *Taiwan is part of China. The state shall never allow the ‚Taiwan independence' secessionist forces to make Taiwan secede from China under any name or by any means.*"[103]

Der Volkskongress strebt in Art. 5 die friedliche Wiedervereinigung an, für die der Staat (die Volksrepublik China) sein Möglichstes tun werde:

> *„To reunify the country through peaceful means best serves the fundamental interests of the compatriots on both sides of the Taiwan Straits. The state shall do its utmost with maximum sincerity to achieve a peaceful reunification."*[104]

Was aber konkret darunter zu verstehen ist, worin das „Möglichste" besteht und welche Grenzen es dabei gibt, wird nicht ausdrücklich erwähnt.

Taiwan wird im weiteren Text ein hohes Maß an Autonomie zugestanden. Es könne *„systems different from those on the mainland"* praktizieren.[105] Zwar ist dies als Bezug auf die Formel „Ein Land, zwei Systeme" zu verstehen. Doch es ist nicht eindeutig formuliert und interpretationsbedürftig.[106] Das Wirtschaftssystem, das auf der Insel genauso wie auf dem Festland marktwirtschaftlich ist, dürfte kaum gemeint sein. Um welche Selbstverwaltungsrechte geht es konkret? Was bedeutet das für das liberale politische System im Hoheitsbereich des heutigen Taiwan? Welche Institutionen und Entscheidungsprozesse müssten gegebenenfalls an das politische System der Volksrepublik China angeglichen werden?

Die Art. 6 und 7 des *Antisezessionsgesetzes* sehen Maßnahmen vor, wie die gegenseitigen Beziehungen verbessert werden können. Dazu gehören u. a. personeller und wirtschaftlicher Austausch, sowie die Zusammenarbeit in der Wirtschaft, im Bildungs-

und Wissenschaftswesen, im Kulturbereich und in der Kriminalitätsbekämpfung. Verhandlungen müssten die Feindseligkeiten auf beiden Seiten offiziell beenden, den politischen Status taiwanesischer Behörden klären und insgesamt den Weg zur friedlichen Wiedervereinigung festlegen.[107]

Die Artikel 8 und 9 dagegen sprechen unverhohlen die Drohung einer „nichtfriedlichen" Wiedervereinigung aus. So heißt es in Art. 8:

> *„In the event that the "Taiwan independence" secessionist forces should act under any name or by any means to cause the fact of Taiwan's secession from China, or that major incidents entailing Taiwan's secession from China should occur, or that possibilities for a peaceful reunification should be completely exhausted, the state shall employ non-peaceful means and other necessary measures to protect China's sovereignty and territorial integrity."[108]*

Die Drohung ist unmissverständlich, doch auch diese Aussagen sind maximal interpretationsbedürftig. Was ist unter den *„major incidents entailing Taiwan's secession from China"* eigentlich genau zu verstehen? Auch hier werden ersichtlich Grenzen gezogen, doch wo liegen sie?[109] Ist damit nur eine taiwanesische Unabhängigkeitserklärung gemeint? Oder reicht bereits die Planung einer Volksabstimmung unabhängig vom Ergebnis aus, um rote Linien zu überschreiten? Wie steht es um die erneute Aufnahme diplomatischer Beziehungen zu ausländischen Staaten? Wie steht es um präsidiale Äußerungen, wie sie etwa Lee Teng-hui im Juli 1999 ge-

macht hat? Sind auch Formulierungen in Gesetzes-
texten betroffen?

Das chinesische *Antisezessionsgesetz* von 2005
traf in Taiwan auf eine Bevölkerung, die in diesem
Gesetz eine Drohung sah und es ablehnte. Den-
noch wollte sie keine Zunahme der Spannungen mit
der Volksrepublik. Zu sehr wirkte noch die Taiwanstraßenkrise von 1995 und 1996 nach.

Doch obwohl der inzwischen in seiner zweiten Amtszeit als Präsident amtierende Chen Shui-bian im
Jahr 2000 die Politik der „Fünf Neins" verkündet hatte, verschärfte auch er nun den Ton. Denn die „Fünf
Neins" hatten auch beinhaltet, die *Richtlinien für die
nationale Wiedervereinigung* nicht abzuschaffen.
Stattdessen wurde aber im Februar 2006 der Wiedervereinigungsrat – unter chinesischer und amerikanischer Kritik – aufgelöst. Als Begründung für diesen Schritt gab die taiwanesische Regierung an,
dass man sich in den letzten Jahren gegenüber der
Volksrepublik China zwar an die eigenen Zusagen
gehalten habe. Doch die Volksrepublik erhöhe durch
Aufrüstung und das *Antisezessionsgesetz* weiterhin
den Druck auf Taiwan. Innenpolitisch war die Maß-
nahme Chen Shui-bians äußerst umstritten, da man
eine weitere Zuspitzung des Konfliktes mit der
Volksrepublik befürchtete. [110]

6   Zur Situation Taiwans

6.1   Staatlichkeit und politisches System

Legt man die Definition zugrunde, derzufolge ein
Staat aus den Grundelementen[111]

➢   Staatsgebiet,

➢   Staatsvolk und

➢   Staatsgewalt

besteht, so kann man Taiwan mühelos als Staat
klassifizieren. Es besitzt ein Staatsgebiet, das die Insel Taiwan sowie einige kleine Inseln in der Taiwanstraße umfasst und 35.980 km² groß ist.[112] Dort le-
ben 23,6 Mio. Einwohner. Hauptstadt ist Taipeh (2,5
Mio. Einwohner).

Die Regierung stellt die Exekutive eines auf fünf Gewalten basierenden Systems politischer Gewaltenteilung dar. Jeder Gewalt ist das Gremium eines

Staatsrates (Yuan) zugeordnet. Die Regierung besteht aus Kabinett und Premierminister, die den Exekutiv-Yuan bilden. Diesem übergeordnet und ebenfalls Teil der Exekutive ist der alle vier Jahre demokratisch gewählte Staatspräsident. Er ist Staatsoberhaupt und Oberbefehlshaber der Streitkräfte. Der Legislativ-Yuan besteht aus 113 Abgeordneten und wird ebenfalls alle vier Jahre gewählt. Die dritte Gewalt stellt der Judikativ-Yuan dar. Es ist das aus 15 Richtern bestehende Verfassungsgericht. Als eigene Gewalten sind der Prüf-Yuan sowie der Kontroll-Yuan vorgesehen. Während dem Prüf-Yuan die Beamtenauswahl obliegt, ist der Kontroll-Yuan mit einem Rechnungshof vergleichbar.[113]

Die taiwanesische Verfassung stammt ursprünglich aus dem Jahr 1947 und war noch für die Republik China in Kraft getreten, die sich nach dem Zweiten Weltkrieg bereits (wieder) im Bürgerkrieg befand. Seit 1991 hat es mehrere Änderungen der Verfassung gegeben. Die Ausrufung der kommunistischen Volksrepublik China erfolgte erst 1949. Ihre aktuelle Verfassung stammt von 1982 und wurde inzwischen ebenfalls mehrfach geändert.

Obwohl alle Elemente eines Staatsgebildes in Taiwan vorhanden sind, fehlt aber aus den oben genannten historischen und politischen Gründen eine Unabhängigkeitserklärung. Die Situation ist komplex, für alle beteiligten Akteure ambivalent und enthält Grauzonen. Sie macht diplomatisches Fingerspitzengefühl erforderlich.

6.2 Taiwanesische Selbstwahrnehmung

Auch muss die Frage berücksichtigt werden, welcher der beiden Seiten sich die Bevölkerung und ihre gewählten politischen Vertreter selber zurechnen: der chinesischen, der taiwanesischen oder fühlt man sich beiden Seiten gleichermaßen verbunden? Entlang dieser Selbsteinschätzung aber auch entlang der Frage nach dem richtigen Umgang mit der Volksrepublik China und dem eigenen territorialen Status zeigen sich innenpolitische Spaltungen.

Seit den Reformen zu einer liberalen Demokratie hat sich eine vielfältige taiwanesische Parteienlandschaft herausgebildet, die in zwei große Lager eingeteilt werden kann: Die pan-grüne Koalition, benannt nach der Parteifarbe der Demokratischen Fortschrittspartei, und die pan-blaue Koalition, so benannt nach der Parteifarbe der Kuomintang. In der Taiwanfrage tritt die pan-grüne Ausrichtung langfristig für die formelle Unabhängigkeit ein. Doch hat sich die DFP inzwischen von einer staatlichen Neugründung distanziert. Das pan-blaue Lager vertritt langfristig das Ziel einer Wiedervereinigung mit der Volksrepublik China.[114]

pan-grün	pan-blau
Demokratische Fortschritspartei (DFP)	Kuomintang (KMT)
Taiwanesische Solidaritätsunion (TSU)	Quinmindang („Volksnahe Partei")

pan-grün	pan-blau
Taiwan-Unab-hängigkeitspartei (TAIP)	Xindang („Neue Partei")
Taiwanesische Staatsbildungspartei (TSP)	Unparteiische Solidaritätstunion (NPSU)
Sozialdemokratische Partei Taiwans (SDP)	Jungchina-Partei (JCP)
Grüne Partei Taiwans (GPT)	

Die Selbstwahrnehmung der taiwanesischen Bevölkerung hat sich in den letzten drei Jahrzehnten verändert. So ordneten sich im Jahr des Konsens von 1992 [→ Kap. 5.4] noch etwa 25,5% der Befragten eine chinesischen Identität und nur 17,6% einer taiwanesischen Identität zu, während sich immerhin 46,4% beiden Identitäten zugehörig fühlten. Dagegen zeigen die Umfragewerte drei Jahrzehnte später für 2024 einen viel stärker auf die taiwanesische Identität ausgerichteten Fokus: Nur 2,4% der Befragten fühlen sich einer chinesischen Identität zugehörig, dagegen 63,4% einer taiwanesischen. Beiden Identitäten ordnen sich nur noch 31% der Befragten zu.[115]

In den letzten drei Jahrzehnten ist es in der taiwanesischen Bevölkerung somit zu einer verstärkten Selbstzuordnung mit einer taiwanesischen Identität gekommen. Dagegen ist die Identifikation mit einer chinesischen Identität bei den Umfragen massiv zurückgegangen. Vor diesem Hintergrund müssen sich auch die Verantwortlichen in der Volksrepublik China fragen, ob ihre mit Drohungen verbundenen Angebote zur Wiedervereinigung tatsächlich das richtige Mittel sind, eine taiwanesische Bevölkerung von den Vorteilen einer Vereinigung mit der Volksrepublik zu „überzeugen". Vielmehr scheinen sie die Spaltung zu forcieren.

Es muss allerdings auch zu denken geben, dass die Bevölkerungsgruppe, die sich offenbar beiden Identitäten zugehörig fühlt, zwar ebenfalls kleiner geworden ist, aber 2024 mit 31% nach wie vor einen vergleichsweise hohen Wert erreicht. Offenbar stellt die Entscheidung zwischen taiwanesischer und chinesischer Identität für viele Menschen eine emotionale Herausforderung dar.

6.3   Militär

Die von der Volksrepublik in Aussicht gestellten „nicht-friedlichen Mittel" gegenüber Taiwan, die militärischen Aktionen rund um die Insel herum und Cyberangriffe werden seit Jahren in der Inselrepublik als Bedrohung wahrgenommen. Niemand kann absehen, ob und wann es eventuell zu einem Angriff kommen könnte. Die Situation ist unklar, belastend und hängt wie ein ständiges Damoklesschwert über der gesamten Region. Sollte es in Zukunft tatsächlich zu einem chinesischen Angriff kommen, dürfte Taiwan ihm alleine kaum gewachsen sein.

Das *CIA World Factbook* gibt für 2024 auf taiwanesischer Seite ca. 180.000 aktive Soldaten an, von denen 95.000 in der Armee, 45.000 in der Marine und 40.000 in der Luftwaffe dienen. Pro Jahr werden zudem 120.000 Reservisten ausgebildet.[116] Der Verteidigungsetat betrug 2024 ca. 19 Mrd. US-Dollar und ist seit 2017 gestiegen. Er macht etwa 2,5% des BIP aus.[117] Auf Basis des *Taiwan Relation Act* ergänzen amerikanische Waffen die eigene Waffenproduktion.[118]

Die Volksbefreiungsarmee der Volksrepublik China besteht dagegen aus 2 Mio. aktiven Soldaten und 500.000 Reservisten. Das Land besitzt eine der weltweit größten Rüstungsindustrien für alle militärischen Bereiche. Ebenso gibt es Waffenimporte aus Russland.[119] Für 2024 lag der Verteidigungshaushalt bei 233 Mrd. US-Dollar und übersteigt die taiwanesischen Ausgaben um ein Vielfaches. Angesichts der weitaus größeren Wirtschaft macht er allerdings nur 1,25% des BIP aus. China ist zudem Atommacht und besitzt etwa 600 nukleare Sprengköpfe – ein Arsenal, das es in den letzten Jahren massiv aufgestockt hat.[120]

Aufgrund der chinesischen Überlegenheit spielt für Taiwans Militär die Guerillataktik in den Städten sowie in den ländlichen Bergregionen eine wichtige Rolle. Der US-amerikanischen Unterstützung kommt in der taiwanesischen Verteidigungspolitik nach wie vor eine enorme Bedeutung zu.[121] In diesem Zusammenhang muss auch das nukleare Potenzial der USA berücksichtigt werden. Denn sollte es zu einer direkten militärischen Konfrontation zwischen China und den USA kommen, ist es zugleich die Konfrontation zweier Atommächte.

Angesichts der 1964 erfolgreichen Entwicklung einer Nuklearwaffe durch die Volksrepublik China hatte auch Taiwan noch unter Chiang Kai-shek ein eigenes geheimes Nuklearwaffenprogramm begonnen. Doch die CIA wurde durch einen Informanten aus dem Forschungsprogramm auf das Projekt aufmerksam. Es musste 1988 nach Intervention der USA gestoppt werden.[122]

6.4   Unvollständige Isolation

An der offiziellen diplomatischen Isolation Taiwans hat sich bis heute nichts geändert. Nach wie vor ist es kein UNO-Mitglied mehr und wird von den meisten Staaten nicht anerkannt. Vielmehr sind sie um gute Kontakte zur benachbarten Volksrepublik China bemüht. Sie ist politisch und militärisch weitaus mächtiger als Taiwan und bietet angesichts einer Bevölkerung von 1,4 Mrd. Menschen (Stand 2025) einen riesigen Markt. Eine Anerkennung Taiwans als eigenständigen Staat würde der offiziellen Ein-China-Politik Pekings widersprechen und geahndet. Die Ein-China-Politik wird im Grunde auch von den USA respektiert. Folgende Staaten unterhielten 2024 offizielle diplomatische Beziehungen mit Taiwan:[123]

Land	Jahr
Belize	seit 1989
Eswatini	seit 1968

Land	Jahr
Guatemala	seit 1960
Haiti	seit 1956
Marshallinseln	seit 1998
Palau	seit 1999
Paraguay	seit 1957
St. Kitts und Nevis	seit 1983
St. Lucia	1984 – 1997 und seit 2007
St. Vincent und die Grenadinen	seit 1981
Tuvalu	seit 1979
Heiliger Stuhl	seit 1942

Doch wie die oben genannten Entwicklungen zeigen, ist die Isolation Taiwans unvollständig. Denn die taiwanesischen Regierungen sind nicht nur darum bemüht, das Ziel der Pekinger Führung, Taiwan zu isolieren, zu durchbrechen. Sie sind damit auch durchaus erfolgreich. Denn zum unterhält Taiwan zu vielen Staaten, die offizielle Kontakte zur Volksrepublik besitzen, inoffizielle Beziehungen und Verbindungsbüros [→ Kap. 4.6]. Zum anderen ist es Taiwan mit Hilfe von Verbündeten in den letzten Jahren gelungen, in einige wenige internationale Organisationen aufgenommen zu werden: in die WTO sowie in die APEC. Dies gibt der Regierung in Taipeh zumindest eingeschränkten Spielraum, um ihre Interessen auf internationaler Ebene zu vertreten.

7   Zur Haltung der USA

7.1   US-Einfluss vor der chinesischen Küste

Die US-Beziehungen zur politisch, wirtschaftlich und militärisch äußerst machtbewusst auftretenden Volksrepublik China sind äußerst ambivalent. Wirtschaftliche und wissenschaftliche Kooperation werden flankiert von einem großen amerikanischen Außenhandelsdefizit gegenüber der Volksrepublik. Das Defizit betrug 2024 auf amerikanischer Seite 294,5 Mrd. US-Dollar. Hinzu kommen ein in den letzten Jahren zunehmend aggressiv ausgetragener Handelsstreit, konkurrierende geopolitische Interessen und politische Differenzen. Ein wesentlicher, aber keineswegs der einzige Streitpunkt ist dabei die Taiwanfrage.

Der amerikanische *Taiwan Relations Act* von 1979 verpflichtet die USA zur militärischen Unterstützung der Inselrepublik.[124] Gemeinsam mit den Philippinen, Südkorea und Japan gehört sie zu einer Kette aus Inseln und Halbinseln, die bislang eine US-freundliche Politik betrieben haben und zudem die chinesische Ost- und Südküste umschließen. Diese Konstellation resultiert noch aus der Zeit zum Ende des Zweiten Weltkrieges, sowie aus der Zeit des Kalten Krieges und des amerikanischen Containment. Auf dem japanischen Okinawa, in Südkorea und Singapur, sowie auf dem weiter südlich im Pazifik gelegenen US-Außengebiet Guam sind amerikanische Militäreinheiten stationiert.[125]

7.2   Was wäre wenn …?

Bislang ist unklar, wie die USA auf einen möglichen chinesischen Angriff auf Taiwan reagieren würden: Waffenlieferungen sind bislang für die wahrscheinlichste Option gehalten worden. Denkbar ist aber auch ein direktes militärisches Eingreifen. Eindeutig beantwortet wurde diese Frage noch nicht. Das hat taktische Gründe: Da man sich nicht von vornherein festlegt, kann man je nach Situation entscheiden und flexibel reagieren. Auch ein potentieller Aggressor weiß nicht, mit welcher US-Reaktion er rechnen müsste. Das kann abschreckend wirken.

Doch die Reaktionsmöglichkeiten bewusst unklar zu halten, kann seitens der USA auch gegen Taiwan selber zielen.[126] Denn dass eine mögliche Unabhängigkeitserklärung für die Volksrepublik China die rote Linie für den Einsatz „nicht-friedlicher Mittel" zur Wiedervereinigung überschreiten dürfte, ahnt man sowohl in Taipeh als auch in Washington. Genauso, dass die Inselrepublik im Falle einer chinesischen

Invasion dringend auswärtige Unterstützung benötigt – womit auch eine Entscheidung über die Art der Reaktion in den USA endgültig anstünde. Zur US-Taktik gegenüber den Verantwortlichen in Taipeh gehört es daher, diese in ihrer Politik gegenüber der Volksrepublik zur Vorsicht zu mahnen, indem man sie ebenfalls nicht wissen lässt, ob die USA militärisch eingreifen würden oder nicht.

7.3   Eine deutliche Aussage Joe Bidens?

Kurz nach den Militärmanövern, die die Volksrepublik China aus Protest gegen den offiziellen Besuch von Nancy Pelosi im Sommer 2022 rund um die Insel herum durchgeführt hat, wurde der damalige US-Präsident Joe Biden am 18. September im Nachrichtenmagazin *60 Minutes* (CBS) von Scott Pelley interviewt. Mit Blick auf die angespannte Lage rund um Taiwan, aber auch auf den russischen Angriff gegen die Ukraine wurde Biden nach der amerikanischen Reaktion auf einen möglichen chinesischen Angriff gegen Taiwan gefragt.

Zunächst betonte Biden die von den USA vertretene Ein-China-Politik, aber auch die Unabhängigkeit der Entscheidungen auf Taiwan:

> *„And that there's one China policy, and Taiwan makes their own judgments about their independence.“*

Als Scott Pelley wissen wollte, ob US-Streitkräfte die Insel bei einem Angriff auch verteidigen würden, antwortete Biden:

„Yes, if in fact there was an unprecedented attack."

Pelley hakte daraufhin nach und fragte:

„[...] U.S. forces, U.S. men and women would defend Taiwan in the event of a Chinese invasion?"

Bidens Antwort lautete erneut *„Yes."*[127] Während die Regierung in Taipeh die Zusage begrüßte, reagierte Peking empört.[128]

Sollte es im Falle eines chinesischen Angriffs auf die Insel tatsächlich zu einem US-Militäreinsatz kommen, wäre das Resultat die direkte Konfrontation zweier Atommächte. Damit würde dem asiatischen Raum die Gefahr eines nuklearen Krieges drohen. Welche Rolle dabei die Atommacht Russland spielen wird, das durch den Angriff auf die Ukraine inzwischen stark von guten politischen und wirtschaftlichen Beziehungen zur Volksrepublik China abhängig ist, oder inwiefern die nordkoreanische Diktatur in die Auseinandersetzungen eingreifen würde, die inzwischen ebenfalls Nuklearwaffen besitzt und deren Führung sich seit Jahrzehnten auf Konfrontationskurs gegen Südkorea und die USA befindet, kann nicht vorhergesehen werden.

Doch es lohnt sich, Bidens Aussage, dass US-Truppen Taiwan notfalls verteidigen würden, genauer zu untersuchen. Denn zum einen knüpfte der US-Präsident den Militäreinsatz an die Bedingung, dass es sich um *„an unprecedented attack"* handle. Der Angriff müsse also „beispiellos", in dieser Form „noch nicht dagewesen" sein. US-Kampfhandlungen aufgrund der immer wieder durchgeführten, bedrohlichen chinesischen Manöver schließt das aus. Können auch Zwischenfälle, die sich bei diesen Manövern ereignen, ausgeschlossen werden? Biden hat mit seiner Wortwahl Ereignisse wie eine chinesische Invasion auf Taiwan gemeint. Dies bestätigt auch sein Bejahen der Nachfrage, ob amerikanische Soldaten Taiwan *„in the event of a Chinese invasion"* verteidigen würden.

Doch dieser Teil der Aussage lässt ebenfalls Interpretationsspielräume offen. Natürlich kann das bedeuten, dass US-Truppen in einen Kampfeinsatz geschickt werden: Es kann aber auch die Hilfe bei Aufklärungsarbeiten, logistische Hilfe, Ausbildung an Waffensystemen oder Sanitätshilfe durch US-Soldaten gemeint sein, ohne dass diese selber kämpfen.

So deutlich die Aussage Bidens auf den ersten Blick ist, so unklar wird sie bei näherer Betrachtung. Eine ähnliche Aussage Bidens hatte es schon im Oktober 2021 gegeben. Sie ist genauso interpretationsbedürftig.[129]

Einer chinesischen Regierung, die trotz aller Beteuerung des Wunsches nach einer friedlichen Wiedervereinigung unverhohlen mit dem Einsatz „nichtfriedlicher Mittel" sowie durch ihre Manöver droht, wird es immer auch darum gehen, Grenzen auszutesten: Wie wahrscheinlich ist ein amerikanischer Kampfeinsatz zu einer bestimmten Situation? Wie würden die USA reagieren, welche Optionen haben sie? Hat sich an der bisherigen US-Position etwas geändert? Hätte Präsident Biden auf die Fragen Scott Palleys, mit „Nein" oder nur äußerst zögerlich, vielleicht sogar unsicher geantwortet, hätte das in Peking als Schwäche oder als Anzeichen einer veränderten Situation verstanden werden können.

Damit steht Bidens anscheinend klare Aussage zum Einsatz von US-Truppen zur Verteidigung Taiwans weiterhin in der amerikanischen Tradition, trotz aller Unterstützung für Taiwan unklar zu bleiben.

7.4   Die USA unter Donald Trump

Am 20. Januar 2025 wurde der Republikaner Donald Trump zu seiner zweiten Amtszeit als US-Präsident vereidigt. Während seiner ersten Amtszeit von 2017 bis 2021 hatte er zu den Unterstützern Taiwans gehört, dem Land wurden US-Kampfjets und Panzer verkauft. Ebenso ist sein über Schutzzölle geführter Handelskrieg mit der Volksrepublik China, aber auch mit der Europäischen Union in Erinnerung.[130] Welche Entwicklungen gibt es nun zu Beginn seiner zweiten Amtszeit in der Taiwanfrage?

Hier empfiehlt sich zunächst ein Blick auf die Verteidigungsausgaben der von den USA unterstützten oder mit ihnen verbündeten Länder. Denn nicht nur die NATO-Verbündeten erleben Anfang 2025 amerikanische Forderungen nach höheren Verteidigungsbeiträgen. War das Ziel der Verteidigungsausgaben der ersten Trump-Administration 2% des BIP – was kaum ein NATO-Partner erfüllte – so stehen hier inzwischen 5% im Raum. Waren bereits in Trumps erster Amtszeit Zweifel an der Bündnistreue der USA aufgekommen, so stellt sich diese Frage zu

Beginn seiner zweiten Amtszeit erneut. Es macht den Eindruck, dass die US-Regierung erwartet, dass ihren Forderungen diskussionslos Folge geleistet wird, da sie zugleich mit harten Konsequenzen droht. Denn am 7. März 2025 legte Donald Trump bei einer Pressekonferenz im Weißen Haus nochmals gegen NATO-Partner nach, die weniger zahlen:

> *„Wenn sie nicht zahlen, werde ich sie nicht verteidigen."*[131]

Natürlich ist Taiwan kein NATO-Mitglied, doch Trumps Vorgehen ist auch in Taipeh bekannt. Die Verteidigungsausgaben Taiwans sind in den letzten Jahren auf immerhin 2,5% des BIP gestiegen. Doch betrachtet man Trumps Forderungen im letzten Präsidentschaftswahlkampf, so dürfte das seine Regierung nicht zufriedenstellen: Denn er erwartet von Taiwan sogar 10% des BIP.[132] Sowohl die Beziehungen der USA zu den restlichen NATO-Mitgliedern, als auch die US-Beziehungen zu Taiwan könnten sich in den nächsten Monaten und Jahren sehr konfliktreich gestalten.

Die Ukraine ist 2022 von Russland angegriffen worden und hat seither massive Unterstützung seitens der USA unter Präsident Joe Biden, der NATO und der Europäischen Union erhalten. Nun mussten ihre Bürger jedoch unter US-Präsident Trump und seinem Vizepräsidenten James David Vance erleben, wie weitere US-Hilfen offenbar von einem Vertrag zur Lieferung von Rohstoffen aus der Ukraine abhängig gemacht wurden – zu dessen Unterzeichnung es aber (noch) nicht kam[133] – ebenso dass diese Militärhilfen an den Willen zu einem ukrainischen „Deal" mit Russland geknüpft wurden. Stattdessen erlebte die internationale Öffentlichkeit am 28. Februar 2025 einen beispiellosen Eklat im Weißen Haus, als der ukrainische Präsident Wolodomir Selenskyi vor laufenden Fernsehkameras gemaßregelt und ihm sogar das „Spielen" mit dem Dritten Weltkrieg unterstellt wurde, weil die angegriffene Ukraine offenbar noch immer keinen „Deal" für Waffenstillstand oder Frieden mit dem Aggressor Russland abgeschlossen hat.[134] An einer Stelle drohte Trump:

„Sie werden entweder einen Deal machen oder wir sind raus."[135]

Gemeint war damit die Beendigung der amerikanischen Militärhilfe. Anfang März wurde diese dann tatsächlich ausgesetzt, aber wenige Tage später wieder aufgenommen.[136] Die US-Regierung hat sie als Druckmittel gegen das angegriffene Land eingesetzt und die eigenen Verbündeten nicht nur vor den Kopf gestoßen, sondern in eine überaus schwierige Lage gebracht. Sowohl die Schwächung der NATO als auch der Europäischen Union spielt der russischen Position in die Hände.

Was hat dies nun mit Taiwan zu tun? Zwar ist die Situation hier in Teilen anders. Doch auch die Inselrepublik sieht sich US-Forderungen nach höheren Verteidigungsausgaben gegenüber. Muss auch Taiwan befürchten, dass die USA unter Trump ankündigen, ihren Sicherheitsverpflichtungen nicht mehr nachkommen zu wollen, wenn die US-Forderungen nicht erfüllt werden? Die taiwanesische Bevölkerung scheint inzwischen an der Verlässlichkeit der USA zu zweifeln. Denn in einer Meinungsumfrage der Taiwan Public Opinion Foundation vom November 2024 glauben immerhin 57,2% der befragten Einwohner Taiwans (über 20 Jahre) *nicht* an ein Eingreifen der USA. Dagegen halten es nur 29,8% für wahrscheinlich.[137]

Mit Blick auf die führende Rolle Taiwans in der Elektronikproduktion warf Trump dem Land schon mehrfach vor, die Chip-Produktion übernommen zu haben, in der ehemals amerikanische Firmen führend waren.[138] Während Präsident Joe Biden 2022 über den *Chips and Science Act* versucht hatte, mit einem milliardenschweren Subventionsprogramm die amerikanische Chip-Produktion zu fördern, setzt Trump auf Schutzzölle vor taiwanesischen Importen.[139]

Doch um verteuerte oder rückgängige Chip-Importe aufzufangen, müssen die USA in der Lage sein, mit eigenen, günstigeren, qualitativ gleichwertigen Produkten in gleicher Quantität den heimischen Markt zu versorgen. Mögliche Schwierigkeiten kämen nicht nur der chinesischen Wirtschaft, sondern auch anderen südostasiatischen Ländern zugute, vermutlich aber nicht der amerikanischen Industrie und auch nicht der Beschäftigungsrate.

Die Regierung der Volksrepublik China dürfte sich die Entwicklung der US-Politik rund um die Ukraine sowie um Taiwan derzeit interessiert ansehen. Welche Politik werden die USA gegenüber der Ukraine, Russland und den europäischen NATO-Verbündeten betreiben? Welchen Druck werden sie gegebenenfalls auf Taiwan ausüben? Werden sie einen

Wirtschaftskonflikt mit Taiwan austragen, obwohl sie jahrzehntelang für dessen Schutz eingetreten sind? Wenn Taiwan geschwächt würde und die USA gegebenenfalls Unterstützung verwehren, könnte dies die Position Pekings stärken.

8   Die Haltung der Volksrepublik

8.1   Ein-China-Politik

Die Volksrepublik China betreibt offiziell die Ein-China-Politik und sieht Taiwan als Teil seines Territoriums. Es gibt demnach nur ein China, das mit der Volksrepublik identifiziert wird. Taiwan wiederum sieht sich als Fortsetzung der Republik China [→ Kap. 3.5].

In ihrem Weisdokument *The Taiwan Question and China's Reunification in the New Era* bezeichnen das chinesische Büro für Taiwan-Angelegenheiten sowie der Staatsrat der Volksrepublik die taiwanesische Zugehörigkeit als *„indisputable Fact"*. Auch die oben beschriebene UNO-Resolution 2758 [→ Kap. 4.4] unterstreiche das Ein-China-Prinzip, an das ebenso die USA gebunden wären. Doch es wird der Vorwurf formuliert, dass die USA in der praktischen Politik gegenteilig handeln würden:

„The US authorities have stated that they remain committed to the One-China policy and that they do not support ‚Taiwan independence‘. But their actions contradict their words."[140]

Diplomatische Beziehungen zur Volksrepublik China sind nur möglich, wenn die Ein-China-Politik offiziell anerkannt wird. Das bedeutet, dass parallel dazu keine diplomatischen Beziehungen zu Taiwan aufrecht erhalten werden dürfen. Bis auf wenige Ausnahmen [→ Kap. 6.4] akzeptieren heute die meisten Staaten die Ein-China-Politik und unterhalten keine offiziellen Beziehungen (mehr) zu Taiwan.

Allerdings sind die Beziehungen zu Taiwan nicht komplett abgebrochen, sondern werden auf informeller, kultureller und wirtschaftlicher Ebene fortgeführt. Es hat sich ein umstrittener Status Quo eingestellt. Besuche ausländischer Repräsentanten und Delegationen in Taiwan oder Auslandsreisen taiwanesischer Politiker zeigen, dass Taiwan es bislang geschafft hat, der völligen internationalen Isolation zu entgehen. Doch sie führen immer wieder zu diplomatischen Protesten und militärischen Drohungen seitens der Volksrepublik China.

8.2 Taiwanfrage als innere Angelegenheit

Wenn die Volksrepublik China darauf hinweist, dass Taiwan nichts anderes als ein abtrünniges Gebiet sei, das zu „dem einen" China gehöre, als deren Repräsentant sie sich selber sieht, handelt es sich bei der Taiwanfrage aus ihrer Sicht um eine interne

Angelegenheit des chinesischen Staates. Und ausländische Einmischungen in interne chinesische Angelegenheiten würden nicht toleriert.[141]

Insofern bezieht sich die Forderung nach Wiedervereinigung aus Sicht der Regierung in Peking auch nicht auf die Vereinigung zweier souveräner Staaten, sondern um die Rückkehr eines Gebietes, das ausgeschert sei. Zwar arbeite man an einer friedlichen Wiedervereinigung. Doch im Raum steht auch die klare Drohung:

> *„But we will not renounce the use of force, and we reserve the option of taking all necessary measures. This is to guard against external interference and all separatist activities."*[142]

Führt man diese Argumentation weiter, so erscheint auch die Wahl der Mittel als eine interne Angelegenheit „des einen" China.

8.3　Inselketten

Seit dem Zweiten Weltkrieg und dem Kalten Krieg sieht sich die Volksrepublik von einer Kette von Inseln und Halbinseln umgeben, die US-Stützpunkte beherbergen. Daran ist deutlich das Muster der ehemaligen Besatzungsrealität sowie des Containment zur Eindämmung des Sozialismus zu erkennen [→ Kap. 3.6]. Die USA waren jahrzehntelang Ordnungsmacht im indopazifischen Raum.

Eine wie auch immer entstandene Wiedervereinigung Taiwans mit der Volksrepublik würde bedeuten, dass ein wesentlicher Teil der genannten Inselkette wegbricht. Damit würde China die Kontrolle über die wirtschaftlich wichtige Taiwanstraße übernehmen und hätte freieren Zugang zum Pazifik.[143]

8.4 Wirtschaftliche Vernetzungen

Es ist keineswegs nur eine mögliche Konfrontation mit den USA, die die Volksrepublik bislang von einer möglicherweise gewaltsamen Wiedervereinigung abgehalten haben dürfte. Seit Maos Tod und den Reformen unter Deng Xiaoping hat es sich eine wirtschaftliche Weltmachtstellung aufgebaut. Zur wirtschaftlichen Macht der Volksrepublik gehört ein enormer Außenhandelsüberschuss gegenüber den USA. Im Jahr 2024 betrug er 295 Mrd. US-Dollar.[144] Ebenso hat das Land seit den Reformen in den 1980er Jahren [→ Kap. 5.3] sehr gute Wirtschaftsbeziehungen zur Europäischen Union. Der Handelsüberschuss gegenüber der EU betrug im Jahr 2024 insgesamt 304,5 Mrd. Euro.[145]

Dies zeigt nicht nur die derzeitigen Abhängigkeiten von chinesischen Produkten. Sondern die EU ist ein Endpunkt des geopolitischen Projektes der chinesischen „Neuen Seidenstraße", um Überkapazitäten der Wirtschaft durch Export abzubauen. Sollte dieser Markt etwa nach gesellschaftlichem und politischem Protest gegen gewaltsames Vorgehen in der Taiwanfrage einbrechen, müsste auch China nach Alternativen suchen. Für die Kommunistische Partei gehört wirtschaftlicher Erfolg zu den grundlegenden Bedingungen ihrer politischen Macht.

9 Die Situation der EU

9.1 Lockerung der Abhängigkeiten?

Zwar haben sich die europäischen Länder und die USA durch vielfältige wirtschaftliche Auslagerungen und Vernetzungen in den letzten Jahrzehnten von China abhängig gemacht. Doch wurden in Europa und Deutschland angesichts der enormen russischen Energielieferungen, für die angesichts des Ukraine-Krieges ab 2022 Alternativen gefunden werden mussten, auch Stimmen laut, neben der Energieabhängigkeit von Russland ebenso die Abhängigkeiten von China zu reduzieren.[146]

Ein möglicher chinesischer Angriff auf Taiwan würde ein gewichtiges moralisches Argument für eine wirtschaftliche Loslösung von China bieten. Dies kann nicht im Sinne der kommunistischen Führung in Peking sein. Doch auch die westlichen Länder stünden dann angesichts der wirtschaftlichen Verwerfungen und der aktuellen, milliardenschweren Ukrainehilfen vor enormen Schwierigkeiten. Eine weitere „Hau-ruck"-Aktion um Alternativen für einen schwierigen aber mächtigen Wirtschaftspartner zu finden, könnte in ein wirtschaftliches und gesellschaftliches Desaster führen. Das dürfte Peking ebenso bewusst sein. Für beide Seiten – die westlichen Länder und die Volksrepublik – ist die Situation angespannt und jeder Akteur muss darauf achten, den Bogen nicht zu überspannen.

Doch Europa ist nicht nur von der Volksrepublik China abhängig, sondern auch in hohem Maße von der taiwanesischen Chip-Industrie. Ihre Produkte sind in unzähligen europäischen Waren verbaut.[147] Daher kann es der Europäischen Union nicht egal sein, ob und unter welchen Vorzeichen eine Wiedervereinigung zwischen China und Taiwan stattfinden könnte.

Sollte es den USA unter Donald Trump gelingen, ihre eigene Chip-Produktion wieder zu forcieren, könnten die USA um den Preis einer Verschiebung von Abhängigkeiten eine Alternative darstellen. Eine weitere Alternative wäre die verstärkte Chip-Produktion in Europa.

Doch gerade die aktuelle US-amerikanische Politik gibt Anlass zur Sorge. Wie bereits beschrieben, stellt sie europäische Wirtschafts- und Bündnispartner sowie die Ukraine derzeit vor Herausforderungen. Auswirkungen auf Taiwan sind zwar noch unklar, aber nicht ausgeschlossen [→ Kap. 7.4]. Würde die taiwanesische Chip-Produktion nun Teil der chinesischen Wirtschaft, wüchse die europäische Abhängigkeit von der Volksrepublik, bzw. die chinesische Macht gegenüber Europa weiter. Sollte es tatsächlich zu einer chinesischen Annexion Taiwans und zur Beendigung seines bürgerlich demokratischen Systems kommen, muss man sich auch innerhalb der Europäischen Union fragen, wie man künftig die eigenen Werte vertreten und gegebenenfalls bei den Partnern schützen möchte, wenn sie mehr sein sollen, als ein politisches Feigenblatt.

9.2   Werte der EU?

Die Werte der Europäischen Union ergeben sich aus Art. 2 des *Vertrags über die Europäische Union*. Dazu gehören

> *„[...] die Achtung der Menschenwürde, Freiheit, Demokratie, Gleichheit, Rechtsstaatlichkeit und die Wahrung der Menschenrechte einschließlich der Rechte der Personen, die Minderheiten angehören.*"[148]

Für eine werteorientierte EU-Politik muss der Taiwan-Konflikt auf der Tagesordnung stehen. Denn Taiwan ist heute eine westliche Demokratie, die Volksrepublik China dagegen nicht. Wie das Schicksal Hongkongs zeigt, scheint Peking nicht daran interessiert, das ursprüngliche Konzept „ein Land, zwei Systeme" im Hinblick auf bürgerliche Rechte und Demokratie dauerhaft umzusetzen [→ Kap. 2.1].

Doch Werte wie Demokratie und Menschenrechte drohen im wirtschaftlichen und geopolitischen Konkurrenzkampf oft genug zu reinen Lippenbekenntnissen zu verkümmern. Das gilt für die Neuausrichtung einer europäischen/deutschen Energiepolitik mit Staaten des arabischen Raums ebenso, wie für den Versuch, bessere Kontakte zu den ASEAN-Staaten aufzubauen, um chinesischer und russischer Macht etwas entgegenzusetzen.

9.3 Alternativen zum Chinahandel?

Auf dem ersten Gipfeltreffen zwischen der EU und den ASEAN-Staaten in Brüssel Mitte Dezember 2022 kündigte EU-Kommissionspräsidentin Ursula von der Leyen Investitionen von 10 Mrd. Euro in den ASEAN-Staaten an. Zu den Mitgliedern dieses Verbundes gehören Brunei, Indonesien, Kambodscha, Laos, Malaysia, Myanmar, die Philippinen, Singapur, Thailand und Vietnam. Das zugesagte Geld soll der Wirtschaftsförderung, der Schaffung von Arbeitsplätzen und dem Kampf gegen den Klimawandel dienen. Diskutiert wurde ebenso ein Freihandelsabkommen.[149]

Zwar soll auch das von der EU-Kommission initiierte Investitions- und Infrastrukturprogamm des Global Gateway-Projekt wertebasiert sein und ist als Konkurrenz zur chinesischen „Neuen Seidenstraße" gedacht. Doch auch bei diesem noch jungen Vorhaben gilt es kritisch zu beobachten, welche Rolle europäischen Werten gegenüber Wirtschaft und politischem Einfluss in Zukunft wirklich zukommen.

10 China und Russland

10.1 Ablehnung von westlicher Einflussnahme

Die Führungen in Peking und Moskau betonen, dass der Westen nicht das Recht besitze, ihnen seine Werte aufzudrängen und sich in interne Angelegenheiten ihrer Staaten einzumischen. Stattdessen werde man sich gegen diese Einflussversuche wehren.[150] Die Regierung in Peking betrachtet die Taiwanfrage als innere staatliche Angelegenheit [→ Kap. 8.2].

Doch die Situation der Volksrepublik wäre wohl günstiger, wenn es ein starkes Russland an seiner Seite hätte, das im Ukrainekrieg in der Lage wäre, westlichen Einfluss in Form einer Westorientierung der Ukraine, einer EU- und NATO-Osterweiterung sowie in Form von militärischer Unterstützung für die angegriffene Ukraine zurückzudrängen. Denn dadurch würde es die Macht und die Ansprüche Europas sowie der USA begrenzen und auch China mehr

Handlungsfreiheit gegenüber Taiwan verschaffen. Wie der Verlauf des Ukrainekrieges zeigt, scheint diese Stärke Russlands bislang aber nicht vorhanden zu sein. Doch durch die Entwicklungen in den USA seit dem Amtsantritt von US-Präsident Donald Trump – der politische „Deals" schließen möchte, dessen Politik vielfach als undurchsichtig wahrgenommen wird und der in der Befürchtung seiner Kritiker die USA als bislang größten Ukraine-Unterstützer Russland annähern könnte – besteht die Möglichkeit, dass sich die Situation für die Ukraine und in der Folge für Taiwan fundamental verschlechtern könnte. Russland und die Volksrepublik China würden davon profitieren.

10.2 Militärmanöver

Die chinesisch-russischen Beziehungen wurden in den vergangenen Jahrzehnten nachhaltig verbessert und auch eine militärische Zusammenarbeit wurde aufgebaut. Seit 2012 führen beide Seiten gemeinsame militärische Manöver durch.[151] Sogar während des Ukrainekrieges wird diese Zusammenarbeit fortgesetzt: Im Mai 2022 hielten beide Staaten ein Manöver mit Kampfflugzeugen in der Nähe Japans und Südkoreas ab. Die Machtdemonstration galt nicht zuletzt den USA, da Japan und Südkorea westlich orientiert sind und zur amerikanischen Einflusssphäre gehören. Zudem besuchte der damalige US-Präsident Joe Biden zu dieser Zeit in Tokio ein Gipfeltreffen über regionale Sicherheitsfragen.

Ein weiteres Manöver fand unter der Bezeichnung „Wostok" Anfang September 2022 mit russischen und chinesischen Soldaten statt. Ferner nahmen indische, belarussische, mongolische und tadschikische Truppen teil.[152] Für März 2025 wird ein Seemanöver im Golf von Oman gemeldet, an dem neben chinesischen und iranischen auch russische Einheiten beteiligt sind.[153]

Aus russischer Sicht dürften diese Manöver mitten im Ukrainekrieg dazu dienen, ein Zeichen gegenüber dem Westen zu setzen: zur Demonstration der nicht gebrochenen militärischen Stärke und zur Demonstration der engen Kontakte zur Volksrepublik China.

10.3   Chinas Macht und Russlands Stärke

Sicher wäre ein starkes Russland für die Regierung in Peking in Bezug auf die Taiwanfrage vorteilhaft. Doch wie stark dürfte es tatsächlich sein, um auf der einen Seite chinesische Politik zu unterstützen, aber ihr auf der anderen Seite nicht durch eigene Machtambitionen zuwider zu laufen? Denn der nördliche Teil der chinesischen neuen Seidenstraße soll durch Russland verlaufen, weshalb China sehr an politischen und wirtschaftlichen Einflussnahmen im postsowjetischen Raum gelegen ist.

Wie die Machtverhältnisse zwischen beiden Seiten aktuell verteilt sind, zeigte sehr deutlich das Gespräch zwischen Wladimir Putin und Chinas Staatschef Xi Jinping nach Weihnachten 2022 und fast einem Jahr Ukrainekrieg: Es war Putin, der um das Gespräch gebeten hatte. Und trotz aller zur Schau gestellten Einigkeit gegenüber westlicher Einflussnahme, reagierte Xi Jinping zurückhaltend auf den russischen Vorschlag, die militärische Zusammenarbeit beider Staaten weiter auszubauen.[154] Angesichts der enormen wirtschaftlichen Entwicklung der Volksrepublik kann von einer Augenhöhe auf ökonomischer Ebene ohnehin keine Rede sein. Eine Partnerschaft auf machtpolitischer Augenhöhe ist es ebenfalls nicht.

Wenn die Volksrepublik China uneingeschränkt an der Seite der Moskauer Führung stünde, hätte diese 2024 nicht auf nordkoreanische Munition und Soldaten zurückgreifen müssen, um sie im Kampf gegen die Ukraine einzusetzen. Zum anderen musste China aber aus eigenem Interesse auch auf die Sanktionen der Europäischen Union gegen Russland Rücksicht nehmen, um keine Konflikte mit einem der Hauptabsatzmärkte für seine Exportwirtschaft zu riskieren.

Dass Russland mit dem isolierten Nordkorea sogar einen Bündnisvertrag geschlossen hat, bedeutet für die nordkoreanische Diktatur eine internationale Aufwertung.[155] Es ist allerdings fraglich, ob die Volksrepublik China diesen Schritt begrüßt haben dürfte. Zwar hat China immer Einfluss auf Nordkorea ausüben können, dessen Führung international gemieden wird und das sich selber massiv abschottet. Doch Nordkorea war auch für Peking immer ein schwieriger Partner, der nun durch Russlands Agieren aufgewertet wurde.

11   Droht eine Eskalation um Taiwan?

11.1   Pulverfass Taiwanfrage

Während der Ukrainekrieg seit Februar 2022 unvermindert anhält, hat sich die Situation um Taiwan zugespitzt. Wie angespannt die Lage inzwischen ist, zeigen die im Dezember 2024 und im Februar 2025 erneut durchgeführten chinesischen Militäraktionen in der Taiwanstraße.

Die offizielle chinesische Sicht interpretiert die Situation in der Regel als Antwort auf eine Eskalation und Provokation durch die taiwanesische Regierung und/oder Staaten, die inoffizielle Kontakte zu Taiwan unterhalten. Nur eine einzige bei diesen Militärmanövern vom Kurs abgekommene chinesische Schiffsrakete oder ein seitens Taiwans beschossenes Flugzeug, das in den von Taiwan reklamierten Hoheitsbereich eindringt, könnte bei diesen Drohgebärden fatale Folgen haben.

11.2   Drohgebärden oder mehr?

Ist das Eindringen von chinesischen Kriegsschiffen und Kampfflugzeugen in taiwanesischen See- und Luftraum „nur" verstärktes Säbelrasseln einer gereizten Weltmacht? Oder stellt es den Auftakt zu weiteren Schritten in der Taiwanpolitik dar? Diese Frage kann nicht eindeutig beantwortet werden.

Sicher ist, dass die militärischen Aktionen der Einschüchterung und der Zermürbung der Bevölkerung dienen soll. Erfolgreiche Cyberangriffe können schwere Schäden in der Kommunikationstechnik, in der Staats- und Regionalverwaltung, in Wirtschaft und Militär zur Folge haben. Ebenso sind sie das Einfallstor für Spionage und Desinformation. Die gesamte Situation besitzt inzwischen ein hohes Eskalationspotential.

Das Angebot von Selbstverteidigungskursen für die Bevölkerung nimmt auf Taiwan inzwischen zu. Zwar glauben einer Umfrage vom Herbst 2024 zufolge 61% der Taiwaner nicht an einen chinesischen Angriff innerhalb der nächsten 5 Jahre, nehmen die Bedrohung durch die Volksrepublik aber sehr ernst.[156]

Ebenso könnte es auf die Abriegelung Taiwans hinauslaufen, wodurch die Inselrepublik zwangsweise unter Quarantäne gestellt würde. Dieser Zustand könnte über die chinesische Küstenwache herbeigeführt werden,[157] wäre aber auch durch Militäreinsatz denkbar.

Auf japanischer Seite sieht man die chinesische Militärpolitik inzwischen ebenfalls als äußerst bedrohlich an. Wie der damalige japanische Premierminister

Fumio Kishida im Dezember 2022 mitteilte, wolle man nun ebenfalls aufrüsten, um feindliche Raketenstellungen ausschalten zu können. Hinzu kommt im Falle Japans natürlich auch die prekäre Nachbarschaft zu einem atomar gerüsteten Nordkorea. Der japanische Verteidigungshaushalt stieg von 2022 auf 2023 um 26% an.[158]

Zwar erscheint ein direktes militärisches Eingreifen der USA im Falle eines chinesischen Angriffs auf Taiwan eher unwahrscheinlich, da sich dann zwei Atommächte direkt gegenüberstünden. Es ist aber auch nicht auszuschließen. Die Äußerungen aus den USA zu dieser Frage bleiben aus taktischen Gründen offenbar so konkret wie nötig und so unklar wie möglich.

11.3   Ein neuer Stellvertreterkrieg?

Käme es tatsächlich zu einem chinesischen Angriff, an dem die USA nur indirekt beteiligt wären, wäre dies ein weiterer Stellvertreterkrieg – eventuell sogar parallel zum Krieg in der Ukraine. Sofern sich westliche Staaten angesichts eines chinesischen Annexionsversuchs zu einem Rückzug aus der wirtschaftlichen Abhängigkeit von der Volksrepublik China sowie zu Sanktionen gegen das Land entschließen sollten, könnten wirtschaftliche und globale Konfliktstellungen verschärft werden.

Angesichts der enormen Belastungen durch Finanz- und Militärhilfen sowie die beginnende europäische Aufrüstung innerhalb der NATO könnte ein Krieg um

Taiwan die westlichen Länder vor weitere große Herausforderungen stellen. Besonders in Europa dürften die neuen Belastungen angesichts der enormen Entfernung zum pazifischen Raum und der vermeintlichen „Kleinheit" der Insel Taiwan in der Bevölkerung nur schwer zu vermitteln sein. Würde man sich nicht gleichermaßen in den Krieg einmischen, wie man es in der Ukraine getan hat, würde Taiwan wichtige Unterstützer verlieren. Die amerikanische Position unter dem aktuellen Präsidenten Donald Trump erscheint schwierig einzuschätzen.

Doch ungeachtet wirtschaftlicher und geostrategischer Überlegungen wären die Leidtragenden in erster Linie 23 Mio. Menschen in Taiwan. Sie befinden sich bereits seit Jahrzehnten zwischen den Fronten eines ideologischen und geopolitischen Machtkampfes – der dann endgültig in einen Krieg zu ihren Lasten eskaliert wäre.

1 Antisezessionsgesetz (2005), Art. 8, S. 163.

2 Botschaft VR China: Neujahrsansprache (31.12.2024).

3 Botschaft VR China: Neujahrsansprache (31.12.2024).

4 VR China: Verfassung (04.12.1982).

5 WTO: Members (30.08.2024).

6 Vgl. Wurzel (19.12.2019); Anonymus (17.02.2025).

7 Taiwan today (04.01.2019).

8 Vgl. Trampedach (2008), S. 744.

9 Schultze (2008), S. 533.

10 Botschaft VR China: Stellungnahme (07.12.2024).

11 Vgl. Ploetz (2019), S. 1721.

12 Vgl. Botschaft VR China: Stellungnahme (07.12.2024).

13 WTO: Chinese Teipei (01.01.2002).

14 Demes/Krumbein (2024), S. 93.

15 Demes/Krumbein (2024) S. 156.

16 Maurer (25.07.2024).

17 Vgl. Lorci (20.03.2024).

18 Zeit Online (10.12.2024).

19 Zeit Online (23.05.2024).

20 Office of the President (09.12.2024).

21 Deutschlandfunk (27.02.2025).

22 Vgl. Mühlhahn (2021), S. 196 – 198; Ploetz (2019), S. 762, 1212 und 1220.

23 Vgl. Müller: Russisch-japanischer Krieg (1985).

24 Vgl. Bastid-Bruguière (2008).

25 Ploetz (2019), S. 1214.

26 Vgl. Mühlhahn (2021), S. 242 – 253.

27 Vgl. Mühlhahn (2021), S. 273 – 278.

28 Mühlhahn (2021), S. 250.

29 Vgl. Mühlhahn (2021), S. 244 – 245; vgl. Schneider (2008), S. 647.

30 Mühlhahn (2021), S. 283.

31 Mühlhahn (2021), S. 286.

32 Ploetz (2019), S. 1215.

33 Vgl. Kampen (2008).

34 Scherer (2008), S. 472.

35 Weigelin-Schwiedrzik (2008), S.138.

36 Vgl. Merker (2008), S. 120 – 121; Mühlhahn (2021), S. 375.

37 Vgl. Ploetz (2019), S. 824 und 1731; Schubert (2008), S. 741.

38 Kairoer Erklärung (1943).

39 Potsdamer Erklärung (1945).

40 Schubert (2008), S. 741.

41 Demes/Krumbein (2024) S. 43.

42 Schubert (2008), S. 741.

43 Vgl. Ploetz (2019), S. 1731; Schubert (2008), S. 741.

44 Ploetz (2019), S. 1731; Mühlhahn (2021), S. 372 – 374.

45 Trampedach (2008), S. 744.

46 Ploetz (2019), S. 1731.

47 Schubert (2008), S. 741.

48 Demes/Krumbein (2024), S. 45; zum „Weißen Terror" siehe Diefenbach (2017).

49 Müller: Kalter Krieg (1984), Lammersdorf (1996), S.169.

50 Ploetz (2019), S. 1388.

51 Vgl. Reichstein (1996).

52 Reichstein (1996), S. 423.

53 Bundeszentrale (25.06.2015); Reichstein (1996), S. 423.

54 Mühlhahn (2021), S. 413; Ploetz (2019), S. 1717.

55 Ploetz, (2019), S. 1731 – 1732; Schubert (2008), S. 741.

56 Vgl. Chen (2006), S. 169 – 186.

57 Mutual Defense Treaty (02.12.1954); Mühlhahn (2021), S. 413.

58 Munro (2024).

59 UNRIC: Mitgliedschaft.

60 Vgl. Schwenk (1967).

61 UNO (15.12.1961).

62 Vgl. Dittmer (2008), S. 642.

63 Seliger (1975), S. 239.

64 Vgl. Robinson (1972); Dittmer (2008), S. 642.

65 Vgl. Sullivan (1996); Will (2008), S. 817.

66 Seliger (1975), S. 237.

67 Ploetz (2019), S. 1606; Seliger (1975), S. 239.

68 UNO: Yearbook (1971), S. 126.

69 Ploetz (2019), S. 1591.

70 Ploetz (2019), S. 1595.

71 Stojaković (18.08.2023).

72 UNO (25.10.1971).

73 UNO: Yearbook (1971), S. 132.

74 Vgl. Ploetz (2019), S. 1377 und 1429;
   Demes/Krumbein (2024), S. 83.

75 Vgl. US-China Institute (21.07.2011).

76 Vgl. US-China Institute (21.07.2011).

77 US-China Institute (21.02.2012).

78 Ploetz (2019), S. 1725; Demes/Krumbein (2024),
   S. 84 – 85.

79 Taiwan Relations Act (01.01.1979).

80 Ploetz (2019), S. 1732.

81 UNRIC: Charta.

82 Schubert (2008), S. 742.

83 Auswärtiges Amt (02.10.2024).

84 Ploetz (2019), S. 1732.

85 Ploetz (2019), S. 1732; Schubert (2008), S. 742.

86 Bauer (2009), S. 238; Schubert (2008), S. 741.

87 Ploetz (2019), S. 1728.

88 GTAI: Taiwan.

89 Brown (08.08.2022).

90 Vgl. Mühlhahn (2021), S. 557.

91 Vgl. Amnesty International (17.09.2025); vgl. Bundeszentrale (03.06.2014); vgl. Tagesschau (04.06.2024); vgl. Mühlhahn (2021), S. 562 – 571.

92 Mühlhahn (2021), S. 547 und 594.

93 Vgl. Stanzel (Januar 2025), S. 11.

94 Vgl. Ploetz (2019), S. 1729; Trampedach (2008), S. 745; Vgl. Munro (09.05.2024).

95 Trampedach (2008), S. 745.

96 Deutsche Welle (24.10.2013): In diesem Beitrag ist das Interview zwischen Lee Teng-hui und Günter Knabe, dem Leiter der Außenprogramme der Deutschen Welle wiedergegeben.

97 Deutsche Welle (24.10.2013).

98 Trampedach (2008), S. 745.

99 BBC (21.09.2001).

100 Trampedach (2008), S. 745.

101 Republic of China (2004).

102 BBC (26.04.2004); Ploetz (2019), S. 1733.

103 Antisezessionsgesetz (2005), Art. 2, S. 161.

104 Antisezessionsgesetz (2005), Art. 5, S. 162.

105 Antisezessionsgesetz (2005), Art. 5, S. 162.

106 Vgl. Richter (2005), S. 116.

107 Antisezessionsgesetz (2005), Art. 6 und 7, S. 162.

108 Antisezessionsgesetz (2005), Art. 8, S. 163.

109 Vgl. Richter (2005), S. 117.

110 Vgl. Gluck (28.02.2006).

111 Schultze (2008), S. 533.

112 CIA: Taiwan.

113 Vgl. Demes/Krumbein (2024), S. 55.

114 Vgl. Demes/Krumbein (2024), S. 55 – 56.

115 National Chengchi University (13.01.2025).

116 CIA: Taiwan.

117 Global Taiwan Institute (20.09.2023).

118 CIA: Taiwan.

119 CIA: China.

120 Blumeder/Rudischhauser (2025).

121 vgl. Casey (03.08.2022).

122 vgl. Burr (10.01.2019).

123 Ministry of Foreign Affairs (2025).

124 Taiwan Relations Act (01.01.1979).

125 Casey (03.08.2022).

126 Vgl. Hauberg (21.01.2025).

127 CBS News (18.09.2022).

128 Spiegel Online (19.09.2022).

129 vgl. auch Zeit Online (22.10.2021).

130 Iffland (10.11.2024).

131 Zeit Online (07.03.2025).

132 Hauberg (21.01.2025).

133 Dauber (26.02.2025).

134 Tagesschau (28.02.2025).

135 Zitiert nach: Tagesschau (28.02.2025).

136 DLF (04.03.2025).

137 TPOF (19.11.2024). vgl. auch Stanzel (Januar 2025), S. 26.

138 Tang (18.07.2024); FAZ (14.02.2025).

139 Chips and Science Act (09.08.2022); Handelsblatt (14.02.2025).

140 Botschaft der VR China: Taiwan-Frage (10.08.2022).

141 Botschaft der VR China: Taiwan-Frage (10.08.2022).

142 Botschaft der VR China: Taiwan-Frage (10.08.2022).

143 Stanzel (Januar 2025), S. 28.

144 Palmer (05.02.2025).

145 Pereira (13.03.2025).

146 Matthes (23.06.2022); Merkur.de (31.10.2022).

147 Brown (08.08.2022).

148 Vertrags über die Europäische Union (2007).

149 Deutsche Welle (14.02.2022); EU-Kommission: Jubiläumsgipfel.

150 Botschaft der VR China: Taiwan (10.08.2022); Vgl. Ministry of Foreign Affairs of the Russian Federation (01.12.2016).

151 Zeit Online (19.12.2022); Wissenschaftlicher Dienst des Deutschen Bundestages (26.09.2022).

152 Tunk (18.08.2022).

153 Tagesschau.de (10.03.2025).

154 Tagesschau.de (30.12.2022).

155 Vgl. Zeit Online (06.11.2024); Tagesschau (28.10.2024).

156 Lill (21.12.2022).

157 Stanzel (Januar 2025), S. 18.

158 Deutsche Welle (16.12.2022); Bundesakademie (2023).

12   Quellen

Amnesty International (17.09.1990).

Amnesty International: China: The massacre of June 1989 and its aftermath; AI Index: ASA 17/09/90 [https://www.amnesty.org/en/documents/asa17/009/1990/en/].

Anonymus (17.02.2025).

Anonymus: „Zwei Städte – ein Schicksal", in: Friedrich Naumann Stiftung (17.02.2025) [https://www.freiheit.org/de/suedost-und-ostasien/zwei-staedte-ein-schicksal].

Antisezessionsgesetz (2005).

„Anti-Secession Law", in: Zeitschrift für Chinesisches Recht 2 (2005), S. 161 – 163.

Auswärtiges Amt (02.10.2024).

Auswärtiges Amt: Deutschland und Taiwan: Bilaterale Beziehungen (02.10.2024) [https://www.auswaertiges-amt.de/de/service/laender/taiwan-node/bilateral-200904].

Bastid-Bruguière (2008).

Bastid-Bruguière, Marianne: „Boxeraufstand", in: Das große China-Lexikon. Geschichte, Geographie, Gesellschaft, Politik, Wirtschaft, Bildung, Wissenschaft, Kultur, hg. von Brunhild Staiger u. a., Darmstadt 2008, S. 115 – 117.

Bauer (2009).

Bauer, Michael (Red.): Das Lexikon der Wirtschaft. Grundlegendes Wissen von A bis Z, Bonn 2009.

BBC (21.09.2001).

BBC: Taiwan's KMT expels former president (21.09.2001) [http://news.bbc.co.uk/2/hi/asia-pacific/1556562.stm].

BBC (26.03.2004).

BBC: Chen declared Taiwan victor (26.03.2004) [http://news.bbc.co.uk/1/hi/world/asia-pacific/35705 31.stm].

Botschaft VR China: Neujahrsansprache (31.12.2024).

Botschaft der Volksrepublik China in der Bundesrepublik Deutschland: „Neujahrsansprache von Staatspräsident Xi Jinping 2025 (2024-12-31)" [http://de.china-embassy.gov.cn/det/zgyw_/202412/t 20241231_11524972.htm].

Botschaft VR China: Stellungnahme (07.12.2024).

Botschaft der Volksrepublik China in der bundesrepublik Deutschland: „Stellungnahme des Botschaftssprechers zu falschen Äußerungen und Handlungen der deutschen Seite in Bezug auf Taiwan" (07.12.2024) [http://de.china-embassy.gov.cn/det/sgyw/202412/t2 0241208_11540540.htm].

Botschaft der VR China: Taiwan-Frage (10.08.2022).

Botschaft der Volksrepublik China in der Bundesrepublik Deutschland: „Die Taiwan-Frage und Chinas Wiedervereinigung in der neuen Ära" (10.08.2022) [http://de.china-embassy.gov.cn/det/zt/taiwan/202208/t20220810_10740220.htm].

Blumeder/Rudischhauser (2025).

Bumeder, Lucian/Rudischhauser, Wolfgang: „Sorgen um Pekings Atomwaffen-Arsenal", in: Internationale Politik 2 (März/April 2025), S. 91 – 96 [https://internationalepolitik.de/de/sorgen-um-pekings-atomwaffen-arsenal].

Brown (08.08.2022).

Brown, David: „China and Taiwan. A really simple guide", in: BBC (08.08.2022) [https://www.bbc.com/news/world-asia-china-59900139].

Bundesakademie (2023).

Bundesakademie für Sicherheitspolitik: „Japans Zeitenwende: Neue Chancen für die Zusammenarbeit mit Europa" (2023) [https://www.baks.bund.de/de/arbeitspapiere/2023/japans-zeitenwende-neue-chancen-fuer-die-zusammenarbeit-mit-europa].

Bundeszentrale (03.06.2014).

Bundeszentrale für politische Bildung: „Verordnetes Schweigen am Platz des Himmlischen Friedens" (03.06.2014) [https://www.bpb.de/kurz-knapp/hintergrund-aktuell/185616/verordnetes-schweigen-am-platz-des-himmlischen-friedens/].

Bundeszentrale (25.06.2015).

Bundeszentrale für politische Bildung: „1950: Beginn des Koreakrieges" (25.06.2015) [https://www.bpb.de/kurz-knapp/hintergrund-aktuell/208700/1950-beginn-des-koreakriegs/].

Burr (10.01.2019).

Burr, William: „Taiwans Quest for the Bomb", in: National Security Archive (10.01.2019) [https://nsarchive.gwu.edu/briefing-book/nuclear-vault/2019-01-10/taiwans-bomb].

Casey (03.08.2022).

Casey, Ruairi: „Der China-Taiwan-Konflikt in Grafiken", in: Deutsche Welle (03.08.2022) [https://p.dw.com/p/4F3CH].

CBS News (18.09.2022).

CBS News: „Biden tells 60 Minutes U.S. troops would defend Taiwan, but White House says this is not official U.S. policy" (18.09.2022) [https://www.cbsnews.com/news/president-joe-biden-taiwan-60-minutes-2022-09-18/].

Chen (2006).

Chen, Xin-zhu J.: „China and the US-Trade Embargo, 1950 – 1972", in: American Journal of Chinese Studies 13,2 (2006) S. 169 – 186.

Chips and Science Act (09.08.2022).

GovInfo: Public Law 117–167 (09.08.2022) [https://www.govinfo.gov/content/pkg/PLAW-117publ167/pdf/PLAW-117publ167.pdf].

CIA: China.

CIA World Fact Book: China [https://www.cia.gov/the-world-factbook/countries/china/].

CIA: Taiwan.

CIA World Fact Book: Taiwan
[https://www.cia.gov/the-world-factbook/countries/ta
iwan/].

Dauber (26.02.2025).

Dauber, Gregory: „Was steckt hinter Trumps
Rohstoff-Deal?", in: tagesschau.de (26.02.2025)
[https://www.tagesschau.de/wirtschaft/weltwirtschaft
/usa-ukraine-abkommen-faq-100.html].

Demes/Krumbein (2024).

Demes, David/Krumbein, Frédéric: Taiwan. Asiens
erstaunliche Demokratie (2024).

Deutsche Welle (24.10.2013).

Deutsche Welle: „Ein China, Zwei Staaten"
(24.10.2023)
[https://corporate.dw.com/de/ein-china-zwei-
staaten/a-17180562].

Deutsche Welle (14.02.2022).

Deutsche Welle: „EU umwirbt ASEAN-Staaten mit
Handelsabkommen" (14.02.2022)
[https://p.dw.com/p/4KwKG].

Deutsche Welle (16.12.2022).

Deutsche Welle: „Japan will sich zum Gegenschlag
rüsten" (16.12.2022)
[https://p.dw.com/p/4L2l4].

Deutschlandfunk (27.02.2025).

Deutschlandfunk: „Taiwan meldet verstärkte
Aktivitäten des chinesischen Militärs" (27.02.2025)
[https://www.deutschlandfunk.de/taiwan-meldet-
verstaerkte-aktivitaeten-des-chinesischen-militaers-
100.html].

Diefenbach (2017).

Diefenbach, Thilo: „Der Weiße Terror in Taiwan – Schlüsselbegriffe und Erfahrungsberichte", in: Asien. The German Journal of Contemporary Asia 145 (2017), S. 78 – 99. [https://hasp.ub.uni-heidelberg.de/journals/asien/article/view/14850/14480].

Dittmer (2008).

Dittmer, Lowell: „Russland", in: Das große China-Lexikon. Geschichte, Geographie, Gesellschaft, Politik, Wirtschaft, Bildung, Wissenschaft, Kultur, hg. von Brunhild Staiger u. a., Darmstadt 2008, S. 641 – 645.

DLF (04.03.2025).

Deutschlandfunk: „Trump setzt Militärhilfe für die Ukraine aus – Wie die US-Regierung argumentiert" (04.03.2025) [https://www.deutschlandfunk.de/trump-setzt-militaerhilfe-fuer-die-ukraine-aus-wie-die-us-regierung-argumentiert-100.html].

Economist (2025).

Economist Intelligence: Democracy Index 2024. What's wrong with representative democracy? (2025).

EU-Kommission: Global Gateway.

Europäische Kommission: Global Gateway [https://commission.europa.eu/strategy-and-policy/priorities-2019-2024/stronger-europe-world/global-gateway_de].

EU-Kommission: Jubiläumsgipfel.

Europäische Kommission: „Jubiläumsgipfel EU-ASEAN, 14. Dezember 2022" [https://www.consilium.europa.eu/de/meetings/international-summit/2022/12/14/].

FAZ (14.01.2025).

FAZ: „Trump will mehr Chipproduktion in den USA statt in Taiwan" (14.01.2025) [https://www.faz.net/aktuell/wirtschaft/chipproduktion-in-usa-statt-in-taiwan-trump-fordert-verlagerung-110296238.html].

Global Taiwan Institute (20.09.2023)

Global Taiwan Institute: Taiwan Announces an Increased Defense Budget for 2024 (20.09.2023) [https://globaltaiwan.org/2023/09/taiwan-announces-an-increased-defense-budget-for-2024/].

Gluck (28.02.2006).

Gluck, Caroline: „Turbulent times ahead for Taiwan", in: BBC (28.02.2006) [http://news.bbc.co.uk/2/hi/asia-pacific/4677492.stm].

GTAI: China (Dezember 2024).

GTAI: Wirtschaftsdaten kompakt China (Dezember 2024) [https://www.gtai.de/resource/blob/21314/9fe20995 3e36de3154522e6e5cfdfda1/GTAI-Wirtschaftsdaten_Dezember_2024_China.pdf].

GTAI: Taiwan (Dezember 2024).

GTAI: Wirtschaftsdaten kompakt Taiwan (Dezember 2024) [https://www.gtai.de/resource/blob/18396/2001e4a3 d66346b5299e115cacef7a7d/GTAI-Wirtschaftsdaten_Dezember_2024_Taiwan.pdf].

Handelsblatt (14.02.2025).

Handelsblatt: „Taiwan will nach US-Zöllen ‚demokratische Chiplieferketten'" (14.02.2025) [https://www.handelsblatt.com/politik/international/h ableiter-taiwan-will-nach-us-zoellen-demokratische-chiplieferketten/100107807.html].

Hauberg (21.01.2025).

Hauberg, Sven: „Trump-Rückkehr setzt Taiwan unter Druck: Eskaliert der Konflikt mit China?", in: Merkur.de (21.01.2025) [https://www.merkur.de/politik/trump-rueckkehr-setzt-taiwan-unter-druck-eskaliert-der-konflikt-mit-china-zr-93523264.html].

Iffland (10.11.2024).

Iffland, Thorsten: „Würde Trump Taiwan verteidigen?", in: Tagesschau.de (10.11.2024) [https://www.tagesschau.de/ausland/uswahl/taiwan-trump-china-100.html].

Kairoer Erklärung (1943).

Birth of the Constitution of Japan: „Cairo Declaration" [https://www.ndl.go.jp/constitution/e/etc/c03.html].

Kampen (2008).

Kampen, Thomas: „Langer Marsch", in: Das große China-Lexikon. Geschichte, Geographie, Gesellschaft, Politik, Wirtschaft, Bildung, Wissenschaft, Kultur, hg. von Brunhild Staiger u. a., Darmstadt 2008, S. 427 – 428.

Lammersdorf (1996).

Lammersdorf, Raimund: „Cold War", in: USA-Lexikon. Schlüsselbegriffe zu Politik, Wirtschaft, Gesellschaft, Kultur, Geschichte und zu den

deutsch-amerikanischen Beziehungen, hg. von
Rüdiger B. Wersich, Berlin 1996, S. 169 – 172.

Lill (21.12.2022).

Lill, Felix: „Drohungen aus China: Taiwan wappnet
sich für den Ernstfall", in: Frankfurter Rundschau
(21.12.2022)
[https://www.fr.de/politik/taiwan-china-krieg-konflikt-
ernstfall-vorbereitung-usa-taipeh-91989311.html].

Lorci (20.03.2024).

Lorci, Enescan: „The Nexus of Cybersecurity and
National Security: Taiwan's Imperatives Amidst
Escalating Cyber Threats", in: Global Taiwan
Institute (20.03.2024)
[https://globaltaiwan.org/2024/03/the-nexus-of-
cybersecurity-and-national-security-taiwans-
imperatives-amidst-escalating-cyber-threats/].

Matthes (23.06.2022).

Matthes, Jürgen: „Abhängigkeit von China: Die Zeit
drängt", in: Institut der deutschen Wirtschaft
(23.06.2022)
[https://www.iwkoeln.de/presse/iw-nachrichten/die-
zeit-draengt.html].

Maurer (25.07.2024).

Maurer, Jürgen: „Taiwanstraße: Zentrale Seeroute
von und nach Ostasien", in: GTAI. Germany Trade
and Invest (25.07.2024)
[https://www.gtai.de/de/trade/specials/meerengen-
alternative-handelsrouten/taiwanstrasse].

Merkur.de (31.10.2022).

Merkur.de: „Scholz im China-Spagat: Abhängigkeit
reduzieren" (31.10.2022)

[https://www.merkur.de/wirtschaft/scholz-im-china-spagat-abhaengigkeit-reduzieren-zr-91882341.html].

Merker (2008).

Merker, Peter: „Bürgerkrieg 1945-49", in: Das große China-Lexikon. Geschichte, Geographie, Gesellschaft, Politik, Wirtschaft, Bildung, Wissenschaft, Kultur, hg. von Brunhild Staiger u. a., Darmstadt 2008, S. 120 – 121.

Ministry of Foreign Affairs (2025).

Ministry of Foreign Affairs: Diplomatic Allies (2025) [https://en.mofa.gov.tw/AlliesIndex.aspx?n=1294&sms=1007].

Ministry of Foreign Affairs of the Russian Federation (01.12.2016).

Ministry of Foreign Affairs of the Russian Federation: Foreign Policy Concept of the Russian Federation (01.12.2016) [https://www.russiamatters.org/sites/default/files/media/files/Foreign%20Policy%20Concept%20of%20the%20Russian%20Federation%20%28approved%20by%20President%20of%20the%20Russian%20Federation%20Vladimir%20Putin%20on%20November%2030%2C%202016%29%20-%20Asset%20Publisher%20-%20The%20Ministry%20of%20Foreign%20Affairs%20of%20the%20Russian%20Federation.pdf].

Möller (2005).

Möller, Kay: „Spaltet China Taiwan? Nach der Verabschiedung des ‚Antisezessionsgesetzes'", in: SWP-Aktuell 16 (April 2005) [https://www.swp-berlin.org/publications/products/aktuell/aktuell2005_16_mll_ks.pdf].

Mühlhahn (2021).

Mühlhahn, Klaus: Geschichte des modernen China. Von der Qing-Dynastie bis zur Gegenwart, München 2021.

Müller: Kalter Krieg (1993).

Müller, Michael G.: „Kalter Krieg", in: Historisches Lexikon der Sowjetunion. 1917/22 bis 1991, hg. von Hans-Joachim Torke, München 1993, S. 129 – 130.

Müller: Russisch-japanischer Krieg (1985).

Müller, Michael G.: „Russisch-japanischer Krieg", in: Lexikon zur Geschichte Russlands, hg. von Hans-Joachim Torke, München 1985, S. 332 – 333.

Munro (09.05.2024).

Munro, André: „Taiwan Strait crises", in: Encyclopedia Britannica (9 May. 2024). [https://www.britannica.com/event/Taiwan-Strait-crises].

Mutual Defense Treaty (02.12.1954).

Yale Law School: Mutual Defense Treaty Between the United States and the Republic of China (02.12.1954) [https://avalon.law.yale.edu/20th_century/chin001.asp#art1].

National Chengchi University (13.01.2025).

National Chengchi University, Election Study Center: Taiwanese / Chinese Identity (1992/06~2024/12) (13.01.2025) [https://esc.nccu.edu.tw/PageDoc/Detail?fid=7800&id=6961].

Office of the President (09.12.2024).

Office of the President Republic of China (Taiwan): „President Lai meets delegation led by Oklahoma

Governor Kevin Stitt" (09.12.2024)
[https://www.president.gov.tw/NEWS/28956].

Palmer (05.02.2025).

Palmer, Doug: „Trump's nemesis, the US trade
deficit, hit record high in 2024", in: Politico
(05.02.2025)
[https://www.politico.com/news/2025/02/05/trump-
trade-deficit-2024-00202569?
utm_source=chatgpt.com].

Pereira (13.03.2025).

Pereira, Inês Trindade: „China war 2024 der größte
EU-Handelspartner bei den Importen und der
drittgrößte Partner bei den Exporten.", in: Euronews
(13.03.2025)
[https://de.euronews.com/my-europe/2025/03/13/wi
e-sieht-die-handelsbilanz-zwischen-china-und-der-
eu-aus].

Ploetz (2019).

Ploetz, Carl (Begr.): Der grosse Ploetz. Die
Enzyklopädie der Weltgeschichte, 35. Auflage,
Freiburg (Br.) 2008, ND 2019.

Potsdamer Erklärung (1945).

Birth of the Constitution of Japan: „Potsdam
Declaration. Proclamation Defining Terms for
Japanese Surrender. Issued, at Potsdam, July 26,
1945"
[https://www.ndl.go.jp/constitution/e/etc/c06.html].

Reichstein (1996).

Reichstein, Andreas: „Korean war", in: USA-
Lexikon. Schlüsselbegriffe zu Politik, Wirtschaft,
Gesellschaft, Kultur, Geschichte und zu den
deutsch-amerikanischen Beziehungen, hg. von
Rüdiger B. Wersich, Berlin 1996, S. 422 – 423.

Republic of China (2004).

Republic of China Taiwan: Presidential election 2004. Writing History with Democracy and Defending Taiwan with Referendum [https://web.archive.org/web/20051030071528/http://www.gio.gov.tw/elect2004/refe/refe_02.htm].

Richter (2005).

Richter, Clemens: „Anmerkungen zum Antisezessionsgesetz", in: Zeitschrift für Chinesisches Recht 2(2005), S. 115 – 121.

Robinson (1972).

Robinson, Thomas W.: „The Sino-Soviet Border Dispute: Background, Development, and the March 1969 Clashes", in: The American Political Science Review 66, 4 (1972), S. 1175 – 1202.

Scherer (2008).

Scherer, Anke: „Manzhouguo", in: Das große China-Lexikon. Geschichte, Geographie, Gesellschaft, Politik, Wirtschaft, Bildung, Wissenschaft, Kultur, hg. von Brunhild Staiger u. a., Darmstadt 2008, S. 472 – 473.

Schneider (2008).

Schneider, Axel: „Sanminzhuyi", in: Das große China-Lexikon. Geschichte, Geographie, Gesellschaft, Politik, Wirtschaft, Bildung, Wissenschaft, Kultur, hg. von Brunhild Staiger u. a., Darmstadt 2008, S. 647 – 648.

Schubert (2008).

Schuber, Gunter: „Taiwan", in: Das große China-Lexikon. Geschichte, Geographie, Gesellschaft, Politik, Wirtschaft, Bildung, Wissenschaft, Kultur, hg. von Brunhild Staiger u. a., Darmstadt 2008, S. 739 – 744.

Schultze (2008).

Schultze, Rainer-Olaf: „Staat", in: Kleines Lexikon der Politik, hg. von Dieter Nohlen/Florian Grotz, Bonn 2008, S. 533 – 534.

Schwenk (1967).

Schwenk, Walter: „Die Vertretung Chinas in den UN als völkerrechtliches Problem", in: Zeitschrift Vereinte Nationen 4 (1967) S. 116 – 121.

Seliger (1975).

Seliger, Kurt: Albaniens Beziehungen zu China, in: Osteuropa 25,4 (1975), S. 235 – 245.

Spiegel Online (19.09.2022).

Spiegel Online: Biden sichert Taiwan militärische Unterstützung bei Angriff zu (19.09.2022) [https://www.spiegel.de/ausland/taiwan-us-praesident-joe-biden-sichert-taipeh-erneut-militaerische-verteidigung-bei-chinesischem-angriff-zu-a-e0966afd-2cd2-4f5e-9340-4a225250c193].

Stanzel (Januar 2025).

Stanzel, Angela: Die drohende Delegitimierung des Status Taiwans. Die Dynamik des Konflikts zwischen China und Taiwan unter Präsident William Lai (SWP Studie 1) Berlin (Januar 2025) [https://www.swp-berlin.org/publikation/die-drohende-delegitimierung-des-status-taiwans].

Stojaković (18.08.2023).

Stojaković, Krunoslav: „Ja zu Dubček, nein zur Intervention. Jugoslawische Positionen zum Prager Frühling", in: Rosa Luxemburg Stiftung (18.08.2023) [https://www.rosalux.de/news/id/50893/ja-zu-dubcek-nein-zur-intervention].

Sullivan (1996).

Sullivan, Maraina P.: „Vietnam War", in: USA-Lexikon. Schlüsselbegriffe zu Politik, Wirtschaft, Gesellschaft, Kultur, Geschichte und zu den deutsch-amerikanischen Beziehungen, hg. von Rüdiger B. Wersich, Berlin 1996, S. 735 – 738.

Tagesschau.de (30.12.2022).

Tagesschau.de: „Putin will stärkere militärische Kooperation" (30.12.2022) [https://www.tagesschau.de/ausland/asien/putin-xi-treffen-militaer-101.html].

Tagesschau (04.06.2024).

Tagesschau.de. „Taiwans Präsident erinnert an Tiananmen-Massaker" (04.06.2024) [https://www.tagesschau.de/ausland/asien/taiwan-china-tiananmen-massaker-100.html].

Tagesschau (28.10.2024).

Tagesschau.de: „NATO bestätigt Truppen Nordkoreas in Russland" (28.10.2024) [https://www.tagesschau.de/ausland/europa/rutte-nato-nordkorea-100.html].

Tagesschau (28.02.2025).

Tagesschau.de: „Trump und Selenskyj brechen Treffen ab" (28.02.2025) [https://www.tagesschau.de/ausland/amerika/trump-selenskyj-104.html].

Tagesschau.de (10.03.2025).

Tagesschau.de: „Marinemanöver von Iran, Russland und China gestartet" (10.03.2025) [https://www.tagesschau.de/ausland/asien/marineuebung-iran-russland-china-100.html].

Taiwan Relations Act (01.01.1979).

American Institute in Taiwan: Taiwan Relations Act (01.01.1979) [https://www.ait.org.tw/taiwan-relations-act-public-law-96-8-22-u-s-c-3301-et-seq/].

Taiwan today (04.01.2019).

Taiwan today: „Präsidentin Tsai bekräftigt Taiwans Ablehnung von ‚Ein Land, zwei Systeme'" (04.01.2019) [https://taiwanheute.nat.gov.tw/Aktuelle-Nachrichten/Politik/148245/Pr%C3%A4sidentin-Tsai-bekr%C3%A4ftigt-Taiwans-Ablehnung-von-%E2%80%9Eein-Land%2C-zwei-Systeme%E2%80%9C].

Tang (18.07.2024).

Tang, Didi: „Trump says Taiwan should pay more for defense and dodges questions if he would defend the island", in: APNews (18.07.2024) [https://apnews.com/article/trump-taiwan-chips-invasion-china-910e7a94b19248fc75e5d1ab6b0a34d8].

TPOF (19.11.2024).

Taiwnaese Public Opinion Foundation: November 2024 Public Opinion Poll – English Excerpt (19.11.2024) [https://www.tpof.org/wp-content/uploads/2024/11/20241119-TPOF-November-2024-Public-Opinion-Poll-%E2%80%93-English-Excerpt.pdf].

Trading Economis: Imports (März 2025).

Trading Economics: United States Imports from China (März 2025) [https://tradingeconomics.com/united-states/imports/china].

Trading Economics: Exports (März 2025).

Trading Economics: United States Exports from China (März 2025) [https://tradingeconomics.com/united-states/exports/china].

Trampedach (2008).

Trampedach, Tim: „Taiwanfrage", in: Das große China-Lexikon. Geschichte, Geographie, Gesellschaft, Politik, Wirtschaft, Bildung, Wissenschaft, Kultur, hg. von Brunhild Staiger u. a., Darmstadt 2008, S. 744 – 746.

Transparancy (2024).

Transparancy International: Corruption Perceptions Index 2024 [https://www.transparency.org/en/cpi/2024].

Tunk (18.08.2022).

Tunk, Carola: „Wostok'-Manöver: China schickt Soldaten für Militärübungen nach Russland" (18.08.2022) [https://www.berliner-zeitung.de/news/wostok-manoever-china-schickt-soldaten-fuer-militaeruebungen-nach-russland-li.257733].

UNO (15.12.1961).

United Nations Digital Library: Representation of China in the United Nations (1961) [https://digitallibrary.un.org/record/205650?v=pdf].

UNO (25.10.1971).

United Nations Digital Library: Restoration of the lawful rights of the People's Republic of China in the United Nations (1971) [https://digitallibrary.un.org/record/192054?ln=en&v=pdf].

UNO: Yearbook (1971).

Yearbook of the United Nations 25, New York 1971
[https://www.un-ilibrary.org/content/books/97892106
01986/read].

UNRIC: Charta.

UNRIC – Regionales Informationsbüro der
Vereinten Nationen: Charta der Vereinten Nationen
[https://unric.org/de/charta/].

UNRIC: Mitgliedschaft.

UNRIC – Regionales Informationsbüro der
Vereinten Nationen: Die Entwicklung der
Mitgliedschaft in den Vereinten Nationen
[https://unric.org/de/entwicklung-mitgliedschaft/].

US-China Institute (21.07.2011).

US-China Institute: Getting to Beijing: Henry
Kissinger's Secret 1971 Trip (21.07.2011)
[https://china.usc.edu/getting-beijing-henry-
kissingers-secret-1971-trip].

US-China Institute (21.02.2012).

US-China Institute: Getting to Know You -- The US
and China Shake the World, 1971-1972
(21.02.2012)
[https://china.usc.edu/getting-know-you-us-and-
china-shake-world-1971-1972].

Vertrag über die Europäische Union.

Bundeszentrale für politische Bildung: Vertrag über
die Europäische Union
[https://www.bpb.de/themen/europaeische-union/eu
-vertrag/].

VR China: Verfassung (04.12.1982).

Verfassung der Volksrepublik China, angenommen
auf der 5. Tagung des V. Nationalen

Volkskongresses am 4. Dezember 1982
[https://www.verfassungen.net/rc/index2.htm].

Weigelin-Schwiedrzik (2008).

Weigelin-Schwiedrzik, Susanne: „Chinesisch-Japanischer Krieg 1937-45", in: Das große China-Lexikon. Geschichte, Geographie, Gesellschaft, Politik, Wirtschaft, Bildung, Wissenschaft, Kultur, hg. von Brunhild Staiger u. a., Darmstadt 2008, S. 137 – 139.

Will (2008).

Will, Gerhard: „Vietnam", in: Das große China-Lexikon. Geschichte, Geographie, Gesellschaft, Politik, Wirtschaft, Bildung, Wissenschaft, Kultur, hg. von Brunhild Staiger u. a., Darmstadt 2008, S. 814 – 818.

Wissenschaftlicher Dienst (26.09.2022).

Wissenschaftlicher Dienst des Deutschen Bundestages: Die russische Sicherheitspolitik seit dem Jahr 2000. Formelle Grundlagen, Entwicklung, ideologischer Überbau (WD 2-3000 – 071/22) (26.09.2022)
[https://www.bundestag.de/analysen].

WKO: China (Februar 2025).

WKO: Länder- und Regionenprofil China (Februar 2025)
[https://www.wko.at/statistik/laenderprofile/lp-china.pdf].

WKO: Taiwan (Februar 2025).

WKO: Länder- und Regionenprofil Taiwan (Februar 2025)
[https://www.wko.at/statistik/laenderprofile/lp-taiwan.pdf].

WTO: Chinese Teipei (01.01.2002).

World TradeOrganization: „Separate Customs Territory of Taiwan, Penghu, Kinmen and Matsu (Chinese Taipei) and the WTO" [https://www.wto.org/english/thewto_e/countries_e/chinese_taipei_e.htm?state=AL&&view=5944].

WTO: Members (30.08.2024).

World Trade Organization: „Members and observers" [https://www.wto.org/english/thewto_e/whatis_e/tif_e/org6_e.htm].

Wurzel (19.12.2019).

Wurzel, Steffen: Macau: Hongkongs unpolitischer Gegenpol, in Deutschlandfunk (19.12.2019) [https://www.deutschlandfunk.de/china-macau-hongkongs-unpolitischer-gegenpol-100.html].

Zeit Online (19.12.2022).

Zeit Online: „Russland kündigt gemeinsames Militärmanöver mit China an" (19.12.2022) [https://www.zeit.de/politik/ausland/2022-12/pazifik-russland-china-flottenuebungen-manoever-japan-taiwan].

Zeit Online (22.10.2021).

Zeit Online: „USA würden Taiwan gegen Angriff Chinas verteidigen" (22.10.2021) [https://www.zeit.de/politik/ausland/2021-10/usa-joe-biden-china-taiwan-cnn-townhall].

Zeit Online (23.05.2024).

Zeit Online: „China hält Militärmanöver um Taiwan ab" (23.05.2024) [https://www.zeit.de/politik/ausland/2024-05/china-taiwan-militaeruebung-amtsantritt-praesident-lai].

Zeit Online (06.11.2024).

Zeit Online: „Russland stimmt für militärischen Pakt mit Nordkorea" (06.11.2024) [https://www.zeit.de/politik/ausland/2024-11/russland-oberhaus-beistandspakt-nordkorea].

Zeit Online (10.12.2024).

Zeit Online: „Taiwan meldet groß angelegte chinesische Militärübung" (10.12.2024) [https://www.zeit.de/politik/ausland/2024-12/taiwan-china-militaermanoever-philippinen-okinawa-japan].

Zeit Online (07.03.2025).

Zeit Online: „Trump stellt Nato-Beistandspakt erneut in Frage" (07.03.2025) [https://www.zeit.de/politik/ausland/2025-03/us-ueberblick-morgen-donald-trump-nato-beistandsverpflichtung-kryptoreserve#trump-stellt-nato-beistandspakt-erneut-in-frage].